JN078888

CSR and Business Ethics in the Consumer Affairs Agency,
Government of Japan

日本の消費者行政と
CSR・企業倫理

作新学院大学准教授 博士（商学）

山下裕介 著

YAMASHITA Yusuke

中央経済社

はしがき

　この書は，現代消費者行政の規範的理論研究をその内容としている。すなわち，本書は，消費者庁を中心とした日本の消費者行政が，企業を始めとした各種の事業者に対して，（啓発・啓蒙的取り組みも含め）より強力に公的規制を実現していくことを主導すべき，規範的理論の構築を目指した研究書である。

　単なる狭い意味での消費者行政だけではなく，より広い意味での「生活者」中心の行政を実現するためには，つまり，消費者を中心とした多様な利害関係者全体の権利・利益の擁護を実現するための行政を実施するには，如何なる現実的な方途が考えられるのか，そして，それを政府（消費者庁）が実施するべき根拠とは何なのかを，明らかにしていくのが本書の趣旨である。

　著者が本書において，今回この研究テーマを選択した理由は，企業を始めとした各民間事業者の自主的な努力や，経済団体や業界団体などの団体単位での自主的な努力などだけでは，CSR（corporate social responsibility：企業の社会的責任）や企業倫理（事業者倫理といってもよい）の十全な実現は難しいからである。特に，個別企業による不正・不祥事発生防止のための自己規制としての企業倫理の実現には，大きな限界があると考えるからであった。2003年3月の経済同友会第15回企業白書『「市場の進化」と社会的責任経営―企業の信頼構築と持続的な価値創造に向けて―』の発表以来，本邦においてもCSRやサステナビリティ（sustainability：持続可能性），CSV（creating shared value：共通価値の創造），国連の定めたSDGs（sustainable development goals：持続可能な開発目標）など，企業を始めとした事業者に社会性や倫理性を求める各種の概念が普及してきた。今や，CSRレポート（社会的責任報告書）やそれに類するものを各社が年次公開するのは「当たり前」となり，SDGsというキーワードは社会現象の感すらある。しかし，それでも企業やその他各種事業者による不祥事，犯罪や違法行為の発生は，根絶された訳ではな

い。例えば，景品表示法違反による行政処分である「措置命令」や「課徴金納付命令」は，毎年多くの事業者に出されている。また，同法違反の恐れのある行為が露見して，行政より「指導」の措置を受ける事業者も多い。このような事実は，個別事業者や，事業者の集まりである各種団体による，自主的な努力だけでは，企業倫理（事業者倫理）は十分に実現できないことを示しているといえるのではないだろうか。そうであるならば，より強力に，政府・消費者庁が事業者を規制ないしは啓発して，より良い市民社会の構築に努力せねばならないのではないか。この問題意識こそ，今回本研究テーマを選択した意義であり，本書執筆の動機である。

さて，本書は以下のような構成となっている。

第1章　消費者庁設置構想をめぐる論争の研究

第2章　消費者庁とCSR・企業倫理
　　　　―包括的なCSR・企業倫理行政を実現する体制・制度の検討―

第3章　元・消費者庁長官へのヒアリング実施報告とその解説・考察
　　　　―消費者行政における総合調整機能と生活者・消費者市民―

第4章　内閣府消費者委員会の機能と課題

付録1　戦後消費者行政史年表・解説

付録2　歴代消費者担当大臣及び消費者庁長官一覧

付録3　消費者庁職員定員の変遷（2009年～2018年）

付録4　消費者庁及び消費者委員会設置関連法令

第1章「消費者庁設置構想をめぐる論争の研究」は，本書全体の序論的位置づけの章である。ここでは，戦後の消費者庁設置構想史を振り返っていく。特に，2009年9月1日に実際に発足した消費者庁の設置構想をめぐって，当時各界から提起された，消費者行政「新組織」のあるべき姿を提唱した各種提案を分類していく。これらのことから，消費者行政を担う組織制度の可能性を検討する。

第2章「消費者庁とCSR・企業倫理―包括的なCSR・企業倫理行政を実現する体制・制度の検討―」は，本書の中心となる章である。ここでは，消費者庁

を中心とした日本の消費者行政が，CSRや企業倫理を実現することにも資する可能性を，理論的に明らかにする。まず，消費者庁の設立理念・使命とそこに込められた「生活者」概念について考察し，消費者庁が狭い意味での消費者のための行政だけではなく，「生活者」全般のための行政を担うべき根拠を提示する。続いて，消費者庁の規制制度の仕組みとその実際について考察し，単なる消費者行政を超えた生活者中心の消費者行政を実現するための具体的な方途を，2000年代の英国政府のCSR行政を参考にしつつ検討する。

第3章「元・消費者庁長官へのヒアリング実施報告とその解説・考察─消費者行政における総合調整機能と生活者・消費者市民─」は，第2章で示した規範的理論に対する，実際に消費者行政の責任者であった人物からの部分的な評価を検証する章である。これをもってして，第2章の内容が机上の空論ではなく，実際に消費者行政を主導すべき（現実的・実現的な可能性をもった）規範的理論であることの部分的な証左とする。具体的には，元・消費者庁長官である阿南久・福嶋浩彦両氏に対して実施した書面ヒアリングの内容の紹介と，その解説・考察を展開するものである。当該ヒアリングにおける質問事項は，第2章の理論的内容についてその是非を問うものとなっており，最終的には本書が提唱する規範的理論を肯定する結論が得られるものとなっている。

第4章「内閣府消費者委員会の機能と課題」は，消費者庁と共に日本の消費者行政の双璧を成す，内閣府消費者委員会の機能と課題を提示するものである。具体的には，まず，消費者委員会の設置経緯，権限，趣旨・役割について考察し，続いて，権限行使，組織実態，会議運営の視点から，消費者委員会の課題を明らかにするものである。

なお，初出一覧で明らかにしているように，これらの各章は，著者の既出の論文を加筆・修正して収録したものであることを申し添えておく。

巻末には，「付録1　戦後消費者行政史年表・解説」を付けた。本書の内容は，日本の消費者行政の展開を時系列に沿って解説する内容が多いため，読者においては本付録にある年表・解説を適宜参考にされたい。また，その他の参考として，「付録2　歴代消費者担当大臣及び消費者庁長官一覧」，「付録3

消費者庁職員定員の変遷（2009年〜2018年）」，「付録4　消費者庁及び消費者委員会設置関連法令」も付けた。いずれも適宜参考にされたい。

　なお，本書の各章間では，一部で同一の内容が繰り返し登場する部分もある。全体を通読する際には煩わしく思われるかもしれないが，しかし，読者が興味のある単一の章だけを読んでも理解できるようにするための処置であるので，ご理解を賜りたい。

　本書の研究は，本務校である（学校法人船田教育会）作新学院大学より毎年支給される個人研究費と，同大学図書館の司書・職員の方々のご協力のおかげで遂行できた。改めてここに御礼申し上げる。

　本書を書き上げることが出来たのは，偉大な師と，私の家族・親戚のおかげである。

　私の大学院における二人の指導教授，博士前期課程時代の故・中村瑞穂先生（明治大学名誉教授・瑞宝中綬章受章）と，博士後期課程時代の百田義治先生（駒澤大学名誉教授・元日本経営学会理事長）には，これまで非常に多くの重要な教示を賜ってきた。ここで改めて，その御学恩に深く感謝申し上げる次第である。

　また，私が自由に研究の世界，大学の世界に入って行けたのは，両親・家族と親戚の援助や応援があったからである。改めて深く感謝したい。

　最後になるが，株式会社中央経済社代表取締役社長山本継氏と，同社学術書編集部編集長市田由紀子氏には，本書の出版にあたり大変お世話になった。出版業界の情勢が厳しいなか，本書の編集・刊行にご協力頂いたことを，心から感謝申し上げる。

　令和5年4月

山下　裕介

目　　次

はしがき

第1章｜消費者庁設置構想をめぐる論争の研究 ───── *1*

第1節　戦後の消費者庁設置構想史 ………………………………………… *2*
第2節　政府・与野党による消費者庁設置構想（2007年－2009年）…… *4*
　　第1項　政府による消費者庁設置構想・*4*
　　第2項　与党による消費者庁設置構想・*9*
　　第3項　野党による消費者庁設置構想・*10*
第3節　消費者庁設置構想をめぐる論争の研究 ……………………………… *12*
　　第1項　国民生活センター（消費生活センター）志向論・*12*
　　第2項　新組織（消費者庁）懐疑論・*14*
　　第3項　新組織（消費者庁）「機構」志向論・*15*
　　第4項　消費者オンブズマン志向論・*17*
第4節　消費者庁の次なる段階への理念的萌芽 ……………………………… *19*
第5節　小　　括 ………………………………………………………………… *22*

第2章｜消費者庁とCSR・企業倫理 ──────────── *27*
　　　　　　―包括的なCSR・企業倫理行政を実現する体制・制度の検討―

第1節　消費者庁の設立理念・使命と「生活者」概念 …………………… *28*
　　第1項　消費者庁の設立理念・使命・*28*
　　第2項　「生活者」概念とその意義・*30*
第2節　消費者庁の規制制度の仕組み（司令塔機能）とその実際 …… *35*
　　第1項　消費者行政の法執行体制・*35*

第2項　消費者庁の総合調整機能の実際・36

第3項　事務レベル協議・37

第4項　大臣折衝・38

第3節　単なる消費者行政を超えた生活者中心の消費者行政の参考として―英国のCSR行政― ················· 39

第1項　英国政府のCSR行政・39

第2項　日本政府における類似の政策・41

第4節　包括的なCSR・企業倫理行政を実現する体制・制度の検討 ·· 43

第1項　生活者中心の消費者行政（包括的なCSR・企業倫理行政）を実現する方途・43

第2項　2008年福田康夫内閣による「消費者庁の先行実施」事例・44

第5節　小　括 ·· 47

第3章　元・消費者庁長官へのヒアリング実施報告とその解説・考察 ―――――― 55
―消費者行政における総合調整機能と生活者・消費者市民―

第1節　ヒアリング対象者について ·· 58

第1項　阿南久・元（第三代）消費者庁長官・58

第2項　福嶋浩彦・元（第二代）消費者庁長官・59

第2節　元・消費者庁長官への質問事項について ·························· 60

第1項　質問事項全文・60

第2項　質問事項の解説・63

第3節　質問事項に対する回答全文 ································· 65

第1項　阿南元長官の回答・66

第2項　福嶋元長官の回答・69

第 4 節　回答に対する解説・考察 ……………………………………… *71*
　　第 1 項　阿南元長官の回答に対する解説・考察・*71*
　　第 2 項　福嶋元長官の回答に対する解説・考察・*74*
第 5 節　小　　括 ……………………………………………………… *76*

第 4 章│内閣府消費者委員会の機能と課題 ——————— *79*

第 1 節　消費者委員会の機能 ………………………………………… *79*
　　第 1 項　消費者委員会の設置経緯・*79*
　　第 2 項　各種消費者関連法における消費者委員会の権限・*82*
　　第 3 項　消費者委員会制度の趣旨・役割・*89*
第 2 節　消費者委員会の課題：権限行使・組織実態・会議運営の視点
　　　　　から ………………………………………………………… *95*
　　第 1 項　権限行使について・*95*
　　第 2 項　組織（消費者委員会及び同事務局）実態について・*101*
　　第 3 項　会議運営について・*105*
第 3 節　小括：消費者委員会とCSR・企業倫理の実現 ……………… *110*

参考文献・*117*
初出一覧・*146*
付録 1　戦後消費者行政史年表・解説・*147*
付録 2　歴代消費者担当大臣及び消費者庁長官一覧・*161*
付録 3　消費者庁職員定員の変遷（2009年〜2018年）・*163*
付録 4　消費者庁及び消費者委員会設置関連法令・*164*
英文要旨（Abstract）・*188*
索　　引・*191*

第 1 章

消費者庁設置構想をめぐる論争の研究

　2009年9月1日に消費者庁が発足したが，その設置に至るまでには長い議論の歴史があった。戦後日本は，復興そして高度経済成長を成し遂げていく過程で，数多くの消費者問題も生み出してきた。産業保護・育成官庁としての側面が大きい中央政府の行政施策は，経済発展を第一として，効果的な消費者保護政策の実現を怠ってきたといえる。

　各官庁が縦割りで権限を有する消費者行政の一元化は，1960年代から求められてきた政治的・行政的課題であった。消費者運動を担う消費者団体や日本弁護士連合会などによって悲願とされ，その設置が議論されてきた消費者行政を一元化する新組織「消費者庁」の実現が，にわかに現実味を帯びてきたのは，2007年の福田康夫内閣の成立からである。食品安全問題に関わる事件が社会的な関心を集めていた当時の現状を鑑み，強い権限を有して消費者行政を一元化する新組織の設置が福田康夫政権の最重要課題と位置づけられた。そして，2009年の消費者庁発足に至るまでの約二年間に，各界・各識者からこの新組織のあり方について，多くの主張・議論が示された。

　本章では，戦後の消費者庁設置構想の議論の歴史の概略を確認した上で，消費者庁発足に至るまでの間に生じた2000年代の消費者庁設置構想をめぐる論争を研究する。そして最後に，消費者庁発足以後の課題として，著者の考える将来的な消費者庁のあるべき姿を論じる。

第1節　戦後の消費者庁設置構想史

　1948年9月3日に開催された，火のつかない粗悪マッチを優良マッチと取り替えろと抗議した「不良マッチ退治主婦大会」をきっかけに，同年10月に主婦の全国組織であり消費者団体である「主婦連合会」が結成された[1]。1960年4月，この主婦連合会の創設者であり参議院議員であった「奥むめお」（本名：奥梅尾）は，当時の池田勇人内閣総理大臣に「生活省」の設置を要望した。1962年3月の参議院予算委員会での質問で，奥むめお参議院議員は，各種の業界と関係が深い既存の官庁では消費者行政が推進されない故に「消費者のための生活省」を設置すべきことを指摘した上で，行政機関の肥大化を嫌い新組織の設置が難しいのであれば，当面はせめて文化財保護委員会や原子力委員会のような「消費者問題委員会」を作って対策すべきことを要求した[2]。

　この同時期に，高度経済成長に伴う消費者問題の高まりを受けて，政府側からも消費者問題を問う声が挙がった。「1963年6月経済企画庁の『国民生活向上対策審議会』が消費者保護の行政強化，消費者保護のための行政機関の新設，拡充強化の答申をした」。「1964年には，臨時行政調査会が『消費者保護の改革に関する意見』を発表し，（1）消費者保護行政を統一的に統合調整するための消費者局の設置，（2）学識経験者，消費者代表を含む消費者行政協議会の設置，（3）地方公共団体における消費者行政専管担当機関の設置の勧告が成された」[3]。しかし，当時は新たに，経済企画庁に「消費者行政課」が設置されるだけで終わり，大きな消費者行政組織の変化にはつながらなかった。

　1968年に制定された「（旧）消費者保護基本法」（昭和四十三年法律第七十八号）は，消費者の保護に関する基本的な施策の企画に関して審議し，及びその施策の実施を推進する「消費者保護会議」（会長：内閣総理大臣。委員：関係行政機関の長のうちから内閣総理大臣が任命。経済企画庁が担当官庁）を設置させたものの，この「消費者保護会議」には消費者の代表が参画できず，単なる行政機関の調整会議に過ぎないものであった。また，「（旧）消費者保護基本

法」には「消費者の権利」が謳われていないという問題もあった。1970年代になると，国民生活センターが設置され，各地方公共団体に設置されている「消費生活センター[4]」と共に消費者啓発，苦情相談処理などのサービス行政を推進した[5]。

戦後日本の消費者行政とは，「産業振興や保護を主目的とする業法の中で消費者の権益も考慮するという形での，権限はあるが理念を持たない主務官庁による『規制行政』と，理念は持っているが，権限を持たない国民生活センターや消費生活センターによる『支援行政』という二元的行政」[6]であったと特徴づけられる。

このように消費者行政の抜本的な改革が行われないなかで，初の本格的な消費者庁構想を掲げたのは日本弁護士連合会であった。1989年 9 月，日本弁護士連合会は，第32回人権擁護大会において消費者庁の創設を提言した。

「今後のあるべき消費者行政を考えるとき，行政機構は次のようなものでなければならない」。

1　「消費者の権利擁護を基本目的とした消費者問題専管の行政機関であること。」

2　「消費者に関係する事項の全てに権限をもった総合的な行政機関であること。」

3　「具体的な規制権限を有するとともに調査権限・能力をもった行政機関であること。」

4　「消費者被害を迅速，適正に救済する権限・能力を備えた行政機関であること。」

5　「消費者および消費者運動を援助する機能をもった行政機関であること。」

6　「消費者が個人または団体として施策の策定および実現に参加できる消費者に開かれた行政機関であること。」

7　「中央官庁のみが権限を保有するのではなく，」「地方機関にも権限を委譲した機構となること。」

このような「総合的統一的な行政機関としての消費者庁を創設することが必

要である」とした[7]。

　2001年の「中央省庁等改革」（いわゆる中央省庁再編）時の動向としては，1府22省庁から1府12省庁に再編への検討の間，消費者団体から盛んに「消費者省」の創設や「消費者問題担当大臣」の任命などが主張されたものの，実現されなかった。また，消費者行政の総合調整の役割を有していた経済企画庁は内閣府に統合され，経済企画庁の内部部局であった国民生活局と物価局は，「内閣府国民生活局」に統合・移管された。これは事実上，それまでの従来の消費者行政が維持されたことを意味した。

　消費者庁設置以前の日本の消費者行政の最後の大きな変化としては，2004年6月2日に「（旧）消費者保護基本法」が改正されて「消費者基本法」になったことが挙げられる。同法第二条「基本理念」では，「消費者の権利」の尊重が謳われることになったものの，行政機構自体の変化は伴わなかった。なお，従来の「消費者保護会議」が「消費者政策会議」に改組され，「国民生活審議会」の意見を聴くことが必要となるなどの変化は存在した[8]。

第2節　政府・与野党による消費者庁設置構想（2007年－2009年）

第1項　政府による消費者庁設置構想

　牛肉ミンチの品質表示偽装事件や殺虫剤が混入した中国製冷凍餃子中毒事件などに代表される食品安全問題が世論で注目されるなか，2007年10月1日，福田康夫内閣総理大臣は就任時の所信表明演説で，消費者保護のための行政機能の強化に取り組むことを表明した。組閣時には，内閣府国民生活局を担当する大臣である内閣府特命担当大臣（国民生活担当）に岸田文雄代議士を任命した。そして福田康夫首相は，2007年11月5日の「国民生活審議会」（第54回）総会で，国民生活の基本である五つの分野（「食べる」「働く」「作る」「守る」「暮らす」）で消費者・生活者の視点から幅広く行政のあり方を総点検するように要請した。

　2007年12月17日には，政府の「生活安心プロジェクト　緊急に講ずる具体的施策」が決定され，上述の五つの分野で61項目の政策が表明された。

　さらに，2008年3月27日には，「国民生活審議会総合企画部会」が最終取りまとめである「『生活安心プロジェクト』行政のあり方総点検―消費者・生活者を主役とした行政への転換に向けて―」[9]を作成した。この取りまとめのなかでは，以下のような消費者行政に求められる政策的提言がなされた。

- 企画立案から法執行までを一元的に担う新組織の発足。
- 各省庁の人員を，消費者担当部局の執行部門に大胆に移し，実効性を確保する。府省の枠を超えて人員の流動化を図る。
- 消費者・生活者の問題を受け付ける統括情報窓口の設置と機能面の充実。たらい回しにしない真摯な窓口体制。
- 「事故情報データバンク」を軸とした事故情報集約化。
- 消費者に迅速に警告を発せられる体制整備，リコールなどの情報提供。
- 原因究明ネットワークの形成。
- 法令遵守の体制整備や違反行為に対する抑止力といった実効性の確保。
- 消費者・生活者視点での包括的法整備の検討や被害救済策の拡充。
- 働く人を大切にする社会づくり。
- 安心・安全で持続可能な未来へ向けた社会的責任の取り組み促進。
- 行政機関の社会的責任。

　なお，「国民生活審議会消費者政策部会」も同時期に審議を行い，2008年3月24日に国民生活審議会消費者政策部会報告書「国民生活センターのあり方」[10]が作成された。このなかでは，国民生活センターと消費生活センターを一体化し強化すること，国と地方の消費者行政の一元化などが提言された。

　福田康夫首相は，2008年1月18日の第169回国会における施政方針演説で，各省庁縦割りになっている消費者行政を統一的・一元的に推進するための強い権限を持つ新組織を発足させ，併せて消費者行政担当大臣を常設した上で，この新組織を消費者を主役とする政府の舵取り役にする旨を表明した。そして，消費者行政一元化のあり方を検討する有識者懇談会として，2008年2月8日に

「消費者行政推進会議」の設置を閣議決定し，岸田文雄内閣府特命担当大臣に消費者行政推進担当大臣が追加発令された。

　この「消費者行政推進会議」は，2008年6月13日の第8回会議で「消費者行政推進会議取りまとめ—消費者・生活者の視点に立つ行政への転換—」[11]を作成したが，その主要な内容は以下のようである。

- 新組織はこれまでの縦割り的な体制に対して消費者行政の「一元化」を実現することを任務とし，そのために強力な権限と必要な人員を備えたものでなければならない。
- 地方公共団体との緊密な協力が必要であり，消費生活センターの強化充実を前提にした緊密な全国ネットワークが早急に構築されなければならない。
- 新組織が満たすべき6原則：①消費者にとって便利で分かりやすい②消費者がメリットを十分実感できる③迅速な対応④専門性の確保⑤透明性の確保⑥効率性の確保
- 新組織は，消費者が迷わず何でも相談できるよう一元的窓口（共通の電話番号）を持ち，情報収集と発信の一元化を実現する。緊急な対応を要する事案について，全国ネットワークの代表的な窓口が24時間365日対応できる体制を構築する。
- 新組織は，執行，企画立案，総合調整，勧告などの機能を有する消費者行政全般についての司令塔として位置づける。
- すき間事案への対応や横断的な規制体系の整備のため，新法の早急な制定に向け取り組む。
- 父権訴訟，違法収益の剥奪等も視野に入れつつ，被害者救済のための法的措置の検討を進める。
- 新組織の創設が行政組織の肥大化を招かぬよう，法律，権限，事務等を移管する府省庁から機構・定員及び予算を振り替える。
- 地方の消費生活センターを法的に位置づける。
- 国民生活センターは，国の中核的実施機関として，消費者相談，相談員等を対象とした研修，商品テスト等を拡充するとともに，事故情報データバ

ンクを創設するなどシステム整備を加速する。また，広域的な消費者紛争
の解決（ＡＤＲ）のため，体制整備を進める。

- 地方の消費者行政推進の充実のために国が相当の財源確保に努める。
- 新組織は，内閣府の外局の「庁」とし，「消費者庁」（仮称）を設置する。
- 消費者行政担当大臣を置くことを明記する。
- 新組織（消費者庁）は，「表示」「取引」「安全」「物価・生活」に関わる計
  30の法令を他省庁から移管，共管する。
- 消費者政策委員会（仮称）を設置する。
- 「食品安全委員会」の設置個所については引き続き検討する。
- 消費者庁創設に向けたスケジュール：来年度から消費者庁を発足させる。

これは，自由民主党政務調査会「消費者問題調査会」と政府の「国民生活審
議会」の報告書を元に，さらに政策を具体化したものである。

2008年6月27日，福田康夫内閣は，上述の「消費者行政推進会議」の取りま
とめをほぼそのまま取り込んだ「消費者行政推進基本計画—消費者・生活者の
視点に立つ行政への転換—」を閣議決定した[12]。その主要な内容は以下のよう
である[13]。

1．はじめに：

新組織（消費者庁）は強力な権限と必要な人員を備える。消費生活センター
の強化充実と緊密な全国ネットワークが構築される必要がある。消費者の声を
真摯に受け止める仕組みが不可欠である。

2．新組織が満たすべき6原則：

①消費者にとって便利で分かりやすい②消費者・生活者がメリットを十分実
感できる③迅速な対応④専門性の確保⑤透明性の確保⑥効率性の確保また，父
権訴訟，違法収益の剥奪等も視野に入れつつ，被害者救済のための法的措置の
検討を進める。

3．消費者が頼れる分かりやすい一元的な相談窓口の設置：

（1）一元的な相談窓口を設置する。（2）国，地方一体となった消費者行政の
強化を推進する。

 4．消費者庁（仮称）の設置とその機能：

 （1）消費者庁の設置と組織法について：内閣府の外局として設置する。消費者行政担当大臣を置くことを明記する。強力な各種権限と調査・分析機能を付与する。各府省庁の縦割りを超えて幅広い分野を対象に新法を企画立案する。（2）情報の集約機能，司令塔機能を有する。（3）消費者被害の防止やすき間事案への対応のための新法が必要である。（4）個別作用法の所管については以下の通り。「表示」に関する法律：消費者庁が所管する。各省庁からの提案も可とする。法執行の一部を各省庁に委任する。「取引」に関する法律：消費者庁が所管する。参入規制をもついわゆる「業法」について，企画立案は共管，処分に対しては勧告，事前協議等とする。「安全」に関する法律：重大事故情報報告・公表制度は消費者庁が所管する。安全基準の設定については，各省庁が消費者庁と協議した上で決定する。

 5．消費者庁の体制と在り方：

 （1）内部組織の在り方について：企画部門，執行部門，緊急時の司令塔機能，情報収集・発信担当部門が必要となる。（2）消費者政策委員会（仮称）を設置する。有識者によって構成され，消費者の声を反映させる。委員会は，消費者政策の企画立案，消費者庁を含めた関係省庁の政策の評価・監視，消費者庁が行う行政処分等のうち重要なものに関して諮問答申，意見具申を実施する。（3）消費者庁の規模について：「消費者を主役とする政府の舵取り役」を担うにふさわしい規模が必要となる。各種法律の移管に伴い，機構・定員・予算を各府省庁から移す。相談情報の分析や表示基準等の調査分析などに従事する非常勤職員を確保する。また，「食品安全委員会」の設置個所については引き続き検討する[14]。

 6．消費者庁創設に向けたスケジュールを定める。

 2008年9月1日，福田康夫首相は辞意を表明した。しかしながら，同年9月19日に福田康夫改造内閣は「消費者庁設置法案」（消費者庁の設置，任務，所掌事務の規定，消費者政策委員会の設置などを柱とする法案。消費者庁は内閣府の外局で，その長として消費者庁長官を置く。）「消費者庁設置法の施行に伴

う関係法律の整備に関する法案」（消費者庁へ移管または共管とされた法律の改正と内閣府設置法の改正。内閣府の任務に消費者施策の推進が追加され，分担管理事務に消費者庁の所掌事務が追加されることなどを柱とする。消費者庁の所掌事務を担当する内閣府特命担当大臣が常設される。）「消費者安全法案」（すき間事案への対処として，事業を所管する法律がない場合，事業者への処置命令等の権限を内閣総理大臣に与えることなどを柱とする法案。なお，内閣総理大臣は本法律による権限を消費者庁長官に委任する。）を政府案（消費者庁関連三法案）として閣議決定した。そして，同年9月24日（第170回国会召集日），福田康夫改造内閣は総辞職し，後継内閣として麻生太郎内閣が成立した。

　2008年9月29日，麻生内閣は消費者庁関連三法案を衆議院に提出した。同日の所信表明演説で麻生太郎内閣総理大臣は，消費者・生活者の味方をさせるために消費者庁を設置する旨を表明したものの，第170回国会で同三法案は成立せず継続審査となった。

　与野党間の共同修正合意による法案の一部修正（消費者政策委員会を「消費者委員会」へ変更し，消費者庁内部の機関ではなく内閣府の機関として消費者庁と同格とするなど）を経て，2009年5月29日，消費者庁設置三法案（「消費者庁及び消費者委員会設置法」「消費者庁及び消費者委員会設置法の施行に伴う関係法律の整備に関する法律」「消費者安全法」）が，参議院で可決して成立した[15]。同年6月5日に公布され，公布から一年以内に政令で定めた日に施行とされ，同年9月1日に消費者庁が発足した[16]。

第2項　与党による消費者庁設置構想

　福田康夫首相就任時の国会演説原稿で消費者行政に関する部分の原案を作成した，消費者問題を専門とする弁護士である森雅子参議院議員が実質的な中心となり，2007年11月30日に自由民主党政務調査会内に「消費者問題調査会」（会長：野田聖子代議士，事務局長：後藤田正純代議士）が設置された[17]。同調査会では福田康夫首相の方針を受けて，新しい消費者行政のあり方について

議論が重ねられ，当初はA案，B案，C案が提示された。

A案：独立官庁型（新しい省庁の設置）

B案：行政委員会型（内閣府国民生活局を行政委員会化して権限を強化。公
正取引委員会と連携させる）

C案：現組織機能強化型(内閣府国民生活局と国民生活センターの機能強化)

そして同調査会は，2008年3月19日に「消費者行政のあり方に関する最終とりまとめ（案)」を提示した。そのなかでは「A案」が支持され，主要な内容については以下のような提言がなされた。

- 産業育成官庁から独立した新組織「消費者庁」の創設とそれを率いる消費者担当大臣の任命。
- 各省庁の消費者行政部門に対する勧告権限の新組織への付与。
- 補完的な直接規制権限（勧告に応じない省庁や業法のすき間で規制官庁が存在しないケースに直接規制権限を行使）の新組織への付与。
- 消費者保護の中心的な分野に関する直接的規制権限（許認可権限等を伴わない事後規制法のうち，消費者保護に関する分野の法律は「消費者庁」に所轄権限を移す。これにより，消費者行政組織を肥大化することなく法執行の実効性を高める）の新組織への付与。
- 相談窓口の一元化（分かりやすい窓口で，いち早い解決を目指す）。
- 悪徳商法などによる違法収益の没収制度導入。
- 被害救済の簡易で迅速な仲裁制度導入。
- 食品安全，表示の一元化。
- 地方消費者行政の充実。
- 悪質業者を排除し，適正な市場形成による経済発展。

第3項　野党による消費者庁設置構想

ここでは，当時の野党第一党である民主党の議論を概観する。

2008年2月7日，民主党「人権・消費者調査会」で「消費者保護官（消費者オンブズパーソン)」制度の創設を提案する法案を提出することが決定された。

これは，国会が指名して天皇が認証する「中央消費者保護官」（5年以上の長期任期で，総理大臣に準ずる権威をもち，主務官庁を問わずあらゆる法制上の権限を行使できる。事後救済，立法提言，一般予防＜調査研究＞を主務とする）の下に消費者行政担当者を集めた事務局を設置し，都道府県には，議会の指名にもとづき知事が任命する「都道府県消費者保護官」を設置することを提案するものであった。

　当初のこの議論は，後に修正され「消費者権利院法案」と「消費者団体訴訟法案」（消費者オンブズパーソン関連2法案）としてまとめられ，2008年9月2日に民主党「次の内閣」閣議において了承を得た。そして，2009年3月12日に衆議院に法案提出された。

　「消費者権利院法案」は，消費者オンブズパーソン的な役割を担う「消費者権利官」（国会の議決を経て内閣が任命し，天皇が認証する。民間からの政治任用。任期6年，再任不可）を長として，新たに「消費者権利院」の設置を提案するものであった。「消費者権利院」は，内閣府の外局ではなく（内閣所管の下で）各省庁から一定の独立性を有する独立組織（内閣からも国会からもある程度独立した第四権的位置づけ）とされた。また，地方の消費生活センターの人員と予算を国の責任で確保して（国民生活センターと消費生活センターを消費者権利院に取り込み，都道府県に地方消費者権利局を設置する。各地方消費者権利局には，消費者権利官から指名された民間人が就任する地方消費者権利官を置く。従来の消費生活相談員は，任期10年・原則再任の非常勤の国家公務員とする），国と地方とが同一組織で事故情報等を一元化することで迅速な対応を目指すものとした。

　「消費者団体訴訟法案」は，違法に得た利益を事業者から剥奪して消費者被害の回復を目指したものであった。政府案にはない，実効的な違法収益剥奪制度の導入提案であり，また，適格消費者団体に損害賠償請求の代表訴訟を認めるものでもあった。そして，「消費者権利院」は被害者を支援し，「消費者権利官」は財産保全手続きを取れるものとした[18]。

　これらの民主党提出法案の主要点は，政府提案に存在した消費者政策委員会

が「内閣府消費者委員会」へと変更されるなど，与野党間の共同修正合意にその一部が反映された。

第3節　消費者庁設置構想をめぐる論争の研究

　消費者庁が実際に設置されるに至るまで，消費者庁設置構想をめぐる議論は，当時の政府・与野党のみならず，各界・各識者においても盛んに論じられてきた。つまり，消費者庁設置構想ならびに国民生活センター等を中心とした，中央政府における消費者行政とその関連機関の今後のあり方について，各種の議論が主張・展開されたのであるが，それらを分類すると，以下のようにまとめることが可能である。

第1項　国民生活センター（消費生活センター）志向論

　国民生活センター（消費生活センター）志向論とは，消費者行政の中心的実務機関である独立行政法人国民生活センターや，地方公共団体が設置し，消費者問題の最前線で活動する消費生活センターによる消費者行政のあり方を中心に議論するものである。これは，次の二つの立場に大別される。

　①国民生活センター縮小・整理合理化論：

　これは，2007年当時の政府の行政改革推進本部の立場・見解や，第一次安倍晋三内閣によって進められた国民生活センターの大幅な機能縮小計画に代表される議論の立場である。この機能縮小計画は，ADR[19]機能は付加するものの，国民生活センター自体は，直接相談業務の廃止や，経由相談への特化などにより，整理・縮小させるものであった。このような議論の立場は，小泉純一郎政権以来の規制緩和や民営化推進の流れを受けた行政改革を支持するものとして存在した。但し，第一次安倍内閣の総辞職により，この計画は頓挫した。なお，菅直人第一次改造内閣による「独立行政法人の事務・事業の見直しの基本方針」（2010年12月7日閣議決定）において国民生活センターの直接相談業務の廃止が決定され，2011年3月末日をもって国民生活センターでの直接相談は終

了した。しかしながら，2013年 7 月29日より，平日午前11時から午後 1 時に限
り，消費者から電話での直接相談を受ける消費生活窓口を設置し，直接相談を
試験的に再開した。

　②国民生活センター（消費生活センター）強化論あるいは中央行政機関化
（消費者庁化）論：

　これは，国民生活センターや消費生活センターを強化，あるいは中央行政機
関化することで，消費者行政を改革しようとする議論の立場である。

　飯田は，2007年当時における国民生活センターの従来権限（直接相談の受付
など）を維持しつつ，ADR機能も付加すべきとした。また，消費者問題の前
線実働部隊である消費生活センターを直接支援する国民生活センターの強化に
より，消費者行政をより強力に推進すべきとして，国民生活センターを権限あ
る行政機関へと再編成すべきとした[20]。

　「国民生活審議会消費者政策部会」は，2008年 3 月の国民生活審議会消費者
政策部会報告書「国民生活センターのあり方」によると，国民生活センターと
消費生活センターを一体化して強化することにより，国と地方の消費者行政を
一元化することを提言している[21]。

　細川は，消費生活センターの機能強化こそが核心的に重要であり，設立が期
待される消費者庁は，あくまでも消費生活センターから得られた情報をもとに，
法執行や各官庁への指示機能（司令塔機能）を果たすのであって，消費者行政
の真の主役ではないとした[22]。

　原は，「私たちが主権者なのに，なぜ，私たちの意見が反映された政策に
なっていないのだろうか。省庁縦割，産業育成の政策で組み立てられた構図に
消費生活がうずもれている」[23]と指摘し，「今回の消費者庁構想と地方分権の
話は無縁なものではなく，消費者・生活者重視の観点からは連動するものであ
る。地方の消費者行政のありようを試金石とし，私たちの声を反映した政策へ
の転換が望まれる」[24]として，地方の消費者行政から中央の消費者行政が図ら
れていくべきであるとした。

第2項　新組織（消費者庁）懐疑論

　新組織（消費者庁）懐疑論とは，消費者行政を担うとされる新組織（消費者庁）に対する懐疑論を展開するものであり，これは，次の三つの立場に大別される。

　①「食品安全委員会」を中心とした既存の食品安全関連の法律・行政の改革重視・先行論：

　これは，消費者にとって最も身近で深刻な問題である食品安全問題への取り組みこそが，消費者行政の真の中心であるとして，食品安全関連の法律・行政の改革を新組織（消費者庁）設置に先行して成すべきものとする議論の立場である。

　神山は，そもそも消費者行政一元化の機運が高まる契機となったのは，当時の世論の食品安全問題への関心の高まりであることを指摘し，食品安全関連の法律・行政の問題点を改善すれば，それ自体が求められる消費者行政の大幅な改革になるとした[25]。

　伊従は，「消費者庁は基本的に消費者行政に関する事後的な行政監察に徹すべきである。専門的な安全性についての非専門機関である消費者庁が安全基準の設定に事前に介入することは適切ではない」[26]として，「消費者庁構想は全面的に見直すべきであり，当面の対策として緊急に必要なことは，国民が深刻な不安を持つ食品の安全・表示問題を解消するための統一的な食品安全局の創設である」とした[27]。

　②消費者啓発推進論（「善き消費者」推進論）：

　これは，行政による直接的な消費者問題の解決よりも，啓発された消費者自身による消費者問題への対応の重要性を指摘する議論の立場である。

　豊田は，「課題の多い『消費者庁』に過度に期待するのではなく，そこでの議論をきっかけに，自分たち自身の考え方や態度を見直し，時代にあった消費者に少しでも近づくきっかけにすることが重要」[28]として，「消費者行政の改革が重要であることには疑いがないが，それは善い消費者になるための必要条

件に過ぎない」[29]と指摘した。そして、「善い消費生活を実現するための知識や情報は山ほどあり」、消費者が「それをいかに活用するかが、行政をどうこうするのと同様に、あるいはそれ以上に重要だ」[30]として、「いつか消費者という枠を超え、労働する生産者、消費する消費者、交流する社会人としての自覚と行動に配慮する"善き生活者"への意識が高まっていくことが望ましい」[31]とした。

③消費者庁否定（懐疑）論：

消費者庁否定（懐疑）論とは、消費者行政を担うとされる新組織（消費者庁）の有効性に対して懐疑的、あるいは否定的な議論の立場である。

榊原は、「国内消費の総量は国内投資の3倍以上であ」り、そのなかにある膨大な消費者問題の「すべてをどうやってカバーするのか。その上、そのほとんどは現在どこかの省庁がカバーしているのだ。それを一つにまとめることに、一体、どういう意味があるのか」と指摘し、「とても一つの省庁を新設するような問題とは思えない」とした。新組織に期待が高まる原因は「昨今の過剰な消費者保護、投資家保護の風潮」にあり、「決定的に欠けているのは」消費者の「自己責任の原理である」[32]として、消費者の自己責任に重きを置く立場を示した。

第3項　新組織（消費者庁）「機構」志向論

新組織（消費者庁）「機構」志向論とは、消費者行政を担うとされる新組織（消費者庁）の機構のあり方について中心的に議論するものであり、これは、次の二つの立場に大別される。

①「スリムな」消費者庁構想論：

これは、行政組織の肥大化を嫌い、新組織（消費者庁）について機能的で実効性の高い組織機構のあり方を支持する議論の立場である。2009年9月1日に発足した消費者庁の実際の機構に採用された構想論である。

自由民主党政務調査会「消費者問題調査会」による2008年3月の「消費者行政のあり方に関する最終とりまとめ（案）」は、消費者行政を一元的に担う新

組織「消費者庁」を創設することを是とするが，その際には，消費者行政組織を肥大化することなく法執行の実効性を高めることを重視するべきであるとした。

「国民生活審議会総合企画部会」による2008年3月の報告書「『生活安心プロジェクト』行政のあり方総点検—消費者・生活者を主役とした行政への転換に向けて—」[33]は，消費者・生活者を主役とする行政への転換や，消費者の声を一元的に集約し，企画立案から法執行までを一元的に担う新組織の発足などを提言した。そして，各省庁の人員を消費者担当部局の執行部門に大胆に移し実効性を確保することや，府省の枠を越えて人員の流動化を図ることを提言した。

「消費者行政推進会議」による2008年6月の「消費者行政推進会議取りまとめ—消費者・生活者の視点に立つ行政への転換—」は，消費者庁となる「新組織の創設が行政組織の肥大化を招かぬよう，法律，権限，事務等を移管する府省庁から機構・定員及び予算を振り替える」こととした[34]。

東京第一弁護士会の当時の会長・村越進氏による2008年9月2日付の意見表明（「消費者のための『消費者庁』実現を求める意見書」）は，「消費者行政推進会議取りまとめ—消費者・生活者の視点に立つ行政への転換—」をほぼそのまま取り込んだ福田康夫内閣の閣議決定「消費者行政推進基本計画—消費者・生活者の視点に立つ行政への転換—」に対して，強い支持を表明した。

②大規模組織としての消費者庁構想論：

これは，拡大・複雑化し続ける今日の消費者問題に対しては，大規模強権的な新組織（消費者庁）が必要であると主張する議論の立場である。

宇都宮は，「現在の国民生活センターの検査・研究機関を大幅に拡充強化して消費者庁に付属する研究機関とし，経済産業省，農林水産省，厚生労働省等の研究機関からも大幅に研究施設，研究員等を移管」[35]すべきなど，非常に大規模で強権的な新組織を構想した。

2008年1月の『消費者法ニュース』第74巻に掲載された「消費者庁の基本構想」[36]は，大規模な消費者庁を構想している。国民生活センターの検査・研究機能を大幅に拡充して消費者庁に付随する研究機関とし，他省庁の研究機関か

らも大幅に研究施設・研究員を移管し，国民生活センターや消費生活センターの機能をもった「被害救済センター」を新設することなどが必要とされた。

　高橋は，OECD主要各国が強力な権限で幅広い消費者行政を一元的に担う機関を「当たり前に」設置している現状を紹介し，主要国からの遅れを取り戻すために消費者行政を一元的に担う新組織の設置が必要とした[37]。

　民主党（当時）が2009年3月12日衆議院に法案提出した「消費者権利院法案」は，消費者オンブズパーソン的な役割を担う「消費者権利官」を中心として，新たに「消費者権利院」の設置を提案した。実際に発足した消費者庁とは違い，内閣府の外局ではなく各省庁から一定の独立性を有する独立組織として「消費者権利院」を構想している。また，地方の消費生活センターの人員・予算を国の責任で確保し，国民生活センターと消費生活センターを「消費者権利院」に取り込み，各都道府県に「地方消費者権利局」を設置することも想定している。さらに，待遇が悪いとされる従来の消費生活相談員を，任期10年・原則再任の国家公務員とする構想なども掲げた[38]。

　小倉によると，消費者庁には，他省庁への一次勧告権である消費者問題に関する「共管ないし一部移管されている法律の実施に関する勧告」と，他省庁への二次勧告権である「共管ないし一部移管される法律以外の消費者問題に関する勧告」とがあるが，二次勧告権は実効性が期待できないとされる。「業法」は共管や一部移管ではなく，消費者庁が直接所管して直接規制をすべきであるとし，特に職員が農水省と厚労省の出向者で形成され，両省の影響下にある「食品安全委員会」は，消費者庁の下に置き，形骸化した独立性を改善すべきであるとした[39]。

第4項　消費者オンブズマン志向論

　消費者オンブズマン志向論とは，消費者行政先進国であるスウェーデンの消費者オンブズマンを中心（消費者庁の長）とした消費者行政のあり方を，あるべき規範的モデルとして想定し，これに倣った議論を展開するものである。これは，次の二つの立場に大別される。

①政府型オンブズマン（スウェーデン型）志向論：

　これは，消費者行政を担うとされる新組織（消費者庁）の長に消費者の代表を任じて，消費者行政を実効的に実現すべきという議論の立場である。

　2008年初頭当時の民主党の議論においては，消費者を代表した消費者オンブズマンが消費者行政の要となることの重要性が特に示されていた。2008年2月の民主党「人権・消費者調査会」においては，国会が指名して天皇が認証し，内閣総理大臣に準ずる権威をもつ「中央消費者保護官（消費者オンブズパーソン）」や，都道府県議会の指名にもとづき知事が任命する「都道府県消費者保護官」の設置などが提案された。

　中村は，消費者行政を担うとされる新組織（消費者庁）の創設に問われる基本的視点を挙げていくなかで，「消費者行政には，消費者の参加が欠かせない」として，さらに，「『消費者庁』担当者に求められる能力・資質を十分議論し，その選任・解任を民主的に行う必要がある」[40]とした。

　大橋は，生産者に対する受け身としての消費者ではなく，自立した生活者の確立が必要であるとする。しかし，消費者問題の多くはその重大性からみて国家が法的・行政的に解決を図るべきであり，その意味で消費者庁と，消費者の代理人としての「消費者オンブズマン」である「消費者庁長官」が必要であるとした。これは，自立した生活者の確立と消費者庁との相互補完的あり方を求めるものである[41]。

②非政府組織型オンブズマン志向論：

　非政府組織型オンブズマン志向論とは，消費者オンブズマンを政府の消費者行政のなかに求めるのではなく，政府に対する民間の立場からの監視役としての消費者オンブズマンの機能に期待することを主張する議論の立場である。

　吉岡は，「消費者庁や消費者委員会を継続的に支援・監視していく消費者オンブズマン的民間団体がテーマごとに無数に誕生し，これら専門家と消費者との協働体が消費者庁と消費者委員会に対し，ある時は応援団的に，ある時は監視団的に，チェックアンドバランスを働かせて両組織を後押ししていく環境が構築される」べきと期待している[42]。

第 4 節　消費者庁の次なる段階への理念的萌芽

　2008年の段階では，消費者行政を担うとされる新組織（消費者庁）の設置構想に関する議論において，政府・与野党・民間各界の各識者，いずれのなかでも，いわゆる「消費者事故調」の必要性や重要性にあまり言及されていなかった。しかしながら，2009年 5 月の消費者庁関連三法案成立時の参議院付帯決議14（「消費者事故等についての独立した調査機関の在り方について法制化を含めた検討を行う」）にもとづき，「消費者事故調」の必要性や役割などが検討されていくことになった。そして，消費者庁発足後の2012年10月に，「消費者安全法」（平成二十一年法律第五十号）にもとづく「消費者安全調査委員会」（消費者事故調）が発足した。この事実は，消費者庁がその組織や機構などを，消費者行政のあり方に関する議論の進展によって，今後も変化させていく可能性を示したものであるともいえよう。

　既存の消費者庁は，消費者行政の一元化が高い次元で実現できた機構・組織であるといえる。多くの権限が他省庁から消費者庁に移管・共管され，また消費者庁が他省庁の所管する多くの分野での消費者問題に関与することが可能となった。

　しかし，今後の消費者行政が検討すべき問題は多く残されている。

　例えば，国民生活センターや消費生活センターに対する，中央消費者行政の関与の度合いを今後どうするのか，という検討すべき問題がある。消費者庁関連三法案が国会で議論されていた当時の民主党案にあるように，国家で両センターの人員に責任を持つべきであるのか。この問題は，消費者問題対応の最前線にありながらその待遇が悪いといわれる消費生活相談員のより良い地位の確立や報酬の改善と関連する重要な課題である。「消費者安全法」は，地方公共団体に消費生活相談員の待遇改善に向け努力するように求めているが，これは「努力義務」であって，待遇改善を約束させる強制的な義務ではない。

　また，行政が消費者問題被害者に代わって訴訟を起こす仕組みや，その機能

も含めた幅広い消費者保護関連の権限を有するべき「消費者オンブズマンたる消費者庁長官」（官僚ではなく消費者の代表が「必ず」就任しなければならない）が実現できていないという問題もある。消費者庁は内閣府の外局にあり，完全な独立機関ではない。消費者庁長官も含め消費者庁は，内閣総理大臣，内閣府特命担当大臣（消費者及び食品安全担当），消費者行政担当の内閣府副大臣や内閣府大臣政務官の強い関与を受ける。これは，消費者の代表が独立して消費者保護行政を率いるべきという規範（消費者行政先進国スウェーデンのモデル）に反するものである。また，大臣や副大臣・大臣政務官，および官僚としての消費者庁長官は，企業という消費者行政が監視・監督すべき対象と利害関係が深く，癒着する危険が常に付きまとう。その意味でも，より高い独立性が，消費者庁，特に消費者庁長官に求められるのではないか。これは，いわゆる「護民官」としてのオンブズマン，という発想であり，立法・司法・行政の三権に次ぐ「第四権」的ニュアンスをもつものとして捉えられるべきものである（この様な発想は，例えば2009年3月当時の民主党の「消費者権利院法案」からも窺えるものである）。

　2008年1月18日に実施された，当時の福田康夫内閣総理大臣の施政方針演説では，消費者だけではなく「生活者」という用語も使用された。これに加えて，福田康夫首相が主催した有識者懇談会である消費者行政推進会議が2008年6月13日の第8回会議で作成した「消費者行政推進会議取りまとめ—消費者・生活者の視点に立つ行政への転換—」の表題・本文・脚注・添付資料の全体のなかで，「生活者」という用語は6か所に存在している。そして，その「取りまとめ」をほぼそのままに写して作成された福田康夫内閣の2008年6月27日の閣議決定「消費者行政推進基本計画—消費者・生活者の視点に立つ行政への転換—」の表題・本文・脚注・添付資料の全体のなかで，「生活者」という用語は11か所に存在するという事実がある。この事実は，閣議決定にあたり，消費者行政推進会議の取りまとめを原文としながらも，当時の政府が修正して「生活者」用語を追加で二倍近く加筆したことを意味している。つまり，消費者庁創設を目指した福田康夫首相および福田康夫政権は，明らかに「生活者」という

用語を強く意識していたと考えられるだろう。

　ところで，「生活者」という用語は，どのような意義をもつのか。大熊信行「消費者から生活者へ」博報堂『広告』1963年5月号によると，消費者が商品の消費者として，人間中心ではなく商品中心に物事を考える近代経済学の発明であるのに対し，「生活者」という用語は，生活者として人間中心に経済を考えることが必要であるという要請から，位置づけられる用語とされている。

　消費者庁の基本理念は（少なくとも消費者庁の創設を目指し，その後の後継内閣においてその創設を実現させた福田康夫政権の意図においては），上述のような意味においての「生活者」を中心とした「消費者市民社会」の実現を目指したものである。閣議決定「消費者行政推進基本計画—消費者・生活者の視点に立つ行政への転換—」の脚注によると，「『消費者市民社会』とは，個人が，消費者としての役割において，社会倫理問題，多様性，世界情勢，将来世代の状況等を考慮することによって，社会の発展と改善に積極的に参加する社会を意味しており，生活者や消費者が主役となる社会そのものと考えられる」とされる。したがって，「消費者市民社会」とは「生活者市民社会」と同義であるといえよう。

　福田康夫政権は，単に事業者に対して受け身である消費者を保護するための組織として，消費者庁創設を目指したものではないと（少なくともその創設における理念形成過程の一部分においては）考えられる。「生活者」という用語は，我々が皆，単に消費者であるだけではなく，同時に地域住民でもあり，労働者でもあり…というように，多様な側面をもつ「ステークホルダー」（利害関係者）であることを，少なくとも消費者という用語よりは明らかに強く意識させるものである。消費者庁創設時における理念形成過程の一部分に，「生活者」用語へのこだわりある使用例や，事実上の「生活者市民社会」の実現を目指した内容を含めた以上，消費者庁が単なる消費者保護のための行政組織ではなく，より幅広く社会におけるステークホルダー全体を守り，啓発していく組織として今後発展していく可能性は存在しているといえる。少なくとも，その理念的萌芽を，消費者庁創設時における理念形成過程の一部分にみてとれるの

ではないだろうか。

　また，2008年3月27日の「国民生活審議会総合企画部会」の報告書「『生活安心プロジェクト』行政のあり方総点検—消費者・生活者を主役とした行政への転換に向けて—」のなかで，言い換えるならば，新組織である消費者庁の設置を提言し，その設立に影響を与えた報告書のなかで，「民間企業の社会的責任」の重要性が謳われていたことに注目すべきである。この報告書では，「社会の仕組みを『消費者・生活者を主役』とした形に組みかえるには，公益の実現において行政の役割は不可欠であるが，もちろん，行政だけの再編成で実現する訳ではない。民間企業も『社会の公器』として社会的責任を果たすことが求められ，公共システムの一翼を担う存在と期待されている」[43]としている。

　消費者庁設置構想をめぐる論争のなかで求められてきたのは，消費者保護（および消費者教育・啓発）行政の実現である。しかし，企業（あるいはその他の民間事業者）から保護されるべき利害関係者は果たして消費者だけであろうか。その観点からみて，企業のステークホルダー全体の権利・利益を，企業側の不当な扱いから守るための行政的仕組みが一元的に実現されることこそが，消費者庁実現の次の段階といえるのではないだろうか。それは，消費者庁創設時における理念形成過程の一部分に関する上述の各論点からも推察できることである。つまり，CSR（企業の社会的責任）や企業倫理の実現を志向する行政組織の必要性が認められるのである。

第5節　小　括

　戦後日本は高度経済成長の過程で多くの消費者問題を抱えてきた。そこで効果的な消費者問題への対応を実現するため，消費者行政を一元化した新組織「消費者庁」の設置が長く求められてきた。しかし，各界・各識者から提起された消費者庁のあり方に関する主張とその議論は多様であった。

　消費者庁発足に至るまでの2000年代における論争を整理すると以下のようになる。

（1）国民生活センター（消費生活センター）志向論は，①国民生活センター縮小・整理合理化論と，②国民生活センター（消費生活センター）強化論あるいは中央行政機関化（消費者庁化）論とに大別される。

（2）新組織（消費者庁）懐疑論は，①「食品安全委員会」を中心とした既存の食品安全関連の法律・行政の改革重視・先行論と，②消費者啓発推進論（「善き消費者」推進論）と，③消費者庁否定（懐疑）論とに大別される。

（3）新組織（消費者庁）「機構」志向論は，①「スリムな」消費者庁構想論と，②大規模組織としての消費者庁構想論とに大別される。

（4）消費者オンブズマン志向論は，①政府型オンブズマン（スウェーデン型）志向論と，②非政府組織型オンブズマン志向論とに大別される。

このように多様な姿で論じられた消費者庁設置構想論を概観すると，今後の消費者庁が更にあるべき姿へと発展していく可能性を期待できる。消費者庁を実現した当時の政府内部の議論のなかには，消費者を超えた「生活者」という概念へのこだわりや，事実上の「生活者市民社会」の実現への志向性を，確認することが出来る。それはあくまでもまだ理念的萌芽の段階に過ぎないが，しかし，この「芽」は，今後消費者庁が更に大きな役割を期待される事態が生じたときに，大きな意味をもつ可能性がある。企業からその権利を守られるべき利害関係者は，消費者だけではないという事実から，消費者庁の今後の発展の可能性が窺えるといえる。

注 ────────────────

1　「消費者関連団体が求める消費者庁像とは？─民間の消費者対応の活力を生かせ！消費者庁─」『消費と生活』第284巻，消費と生活社，2008年11月，52ページ参照。

2　小林嬌一「急ピッチで進む消費者庁創設─消費者の長年の悲願達成へ─」『消費と生活』第282巻，消費と生活社，2008年7月，32ページ参照。

3　日本弁護士連合会「消費者被害に対する国のあり方を問う─消費者の権利確立に向けて─」（第32回人権擁護大会シンポジウム第2分科会基調報告書）『自由と正義』第40巻第7号，1989年9月，220ページ。

4　消費者センター，消費者相談室など，名称は多様である。

5　日本弁護士連合会，前掲稿，218ページ参照。

6　細川幸一「消費者庁構想を考える」『法律時報』第80巻第5号，日本評論社，2008年5月，91ページ。

7　日本弁護士連合会，前掲稿，224ページ。

8　現在では「消費者委員会」（国民生活審議会の後継組織。2009年9月発足。委員は，優れた識見を有する者のうちから，内閣総理大臣が任命）から意見を聴くことが必要へと変わった。なお，「消費者政策会議」は閣議決定される「消費者基本計画」案の作成を行うとともに，消費者政策の実施状況を検証・評価・監視する機関である。

9　国民生活審議会総合企画部会「『生活安心プロジェクト』行政のあり方総点検―消費者・生活者を主役とした行政への転換に向けて―」2008年3月27日（http://www.kantei.go.jp/jp/singi/shouhisha/dai4/04siryou1_hontai.pdf　2018年4月17日アクセス）。

10　国民生活審議会消費者政策部会「国民生活センターのあり方」2008年3月24日（http://www.consumer.go.jp/seisaku/shingikai/21bukai9/hokokusyo.pdf　2018年4月17日アクセス）。

11　消費者行政推進会議「消費者行政推進会議取りまとめ―消費者・生活者の視点に立つ行政への転換―」2008年6月13日（https://www.kantei.go.jp/jp/singi/shouhisha/dai8/siryou1.pdf　2018年4月17日アクセス）。

12　福田康夫内閣閣議決定「消費者行政推進基本計画―消費者・生活者の視点に立つ行政への転換―」2008年6月27日（https://www.kantei.go.jp/jp/singi/shouhisha/kakugi/080627honbun.pdf　2018年4月17日アクセス）。

13　この閣議決定内容は「消費者行政推進会議」のとりまとめとほぼ同じ内容であるが，若干の違いもある。この違いの一部分については本章のなかで後述する。

14　2008年7月23日，「消費者行政推進会議」第9回会議にて岸田消費者行政推進担当大臣が，「食品安全委員会」については「消費者庁」（仮称）に移管しない方針を表明した。「食品安全委員会」は，あくまでも科学的見地から中立的にリスク評価を行う必要がある故に，内閣府に独立したまま存続させるものとした。但し，後に消費者行政を担当する大臣が食品安全行政を担当する大臣を兼務することで両行政の一体化を図ることになり，「内閣府特命担当大臣（消費者及び食品安全担当）」が内閣に常設されることとなった。

15　なお，衆議院でも可決済みであり，両院ともに全会一致で賛成された。

16　発足当時の職員は202人で，各省庁より参集した。

17　森雅子監修『消費者行政が変わる！　消費者庁設置関連三法』第一法規株式会社，2009年 8 月参照。

18　なお，現在の「消費者契約法」「特定商取引法」「景品表示法」「食品表示法」などでは，内閣総理大臣が認定した適格消費者団体が被害を受けた消費者に代わって差止請求訴訟を起こすことが認められているが，この民主党の法案では，適格消費者団体が被害者に代わって損害賠償請求訴訟を起こすことを可能とするものであった。また同法案では，適格消費者団体の資格を，認定制度ではなく登録制度によるものとして変更し，緩和するものでもあった。

19　日本の「ADR（Alternative Dispute Resolution：裁判外紛争解決手続）」については，「独立行政法人国民生活センター法」（平成十四年法律第百二十三号）に規定（「第十一条　センターに紛争解決委員会（以下「委員会」という。）を置く。」）がある。今日の「国民生活センター紛争解決委員会」は，重要消費者紛争（消費者と事業者との間で起こる紛争のうち，その解決が全国的に重要であるもの）について，和解の仲介や仲裁を行う。なお，一般的にADRには，裁判所が行う「司法型ADR」，公害等調整委員会や国民生活センターの紛争解決委員会などの行政機関・行政関連機関が行う「行政型ADR」，民間のADR事業者が行う「民間型ADR」（民間ADR事業者の申請にもとづき，「裁判外紛争解決手続の利用の促進に関する法律（平成十六年法律第百五十一）（ADR法）」で定められた基準にもとづき事業者を法務大臣が認証する制度）がある。

20　飯田秀男「消費者庁設置と国民生活センターの合理化問題」消費者法ニュース発行会議『消費者法ニュース』第74巻，2008年 1 月，20–22ページ参照。

21　次の文献を参照した。国民生活審議会消費者政策部会，前掲書。

22　細川幸一「消費生活センターの充実こそ消費者行政の土台だ」東京市政調査会『都市問題』第99巻第 5 号，2008年 5 月，12–16ページ参照。

23　原早苗「消費者庁構想が問いかけるもの」地域生活研究所『まちと暮らし研究』第 1 巻，2008年 6 月，33ページ。

24　原早苗，前掲稿，34ページ。

25　神山美智子「食品安全委員会は何をしているのか―『消費者庁』より先にやることがある―」『世界』第778号，岩波書店，2008年 5 月，111–119ページ参照。

26　伊従寛「消費者庁法案は全面的に見直すべき」『国際商業』第42巻第 4 号，国際商業出版，2009年 4 月，132ページ。

27　伊従寛，前掲稿，137ページ。

28 豊田尚吾「『消費者庁構想』を期に，善い消費者を育もう」大阪ガスエネルギー・文化研究所『CEL: culture, energy and life』第84巻，2008年3月，65ページ。

29 豊田尚吾，前掲稿，67ページ。

30 豊田尚吾，前掲稿，68ページ。

31 豊田尚吾，前掲稿，66ページ。

32 榊原英資「【正論】なぜいま，『消費者庁』なのか」産経新聞，2008年7月28日。

33 次の文献を参照した。国民生活審議会総合企画部会，前掲書。

34 次の文献を参照した。消費者行政推進会議，前掲書。

35 宇都宮健児「今こそ全国的な『消費者庁』設置運動を呼びかける」消費者法ニュース発行会議『消費者法ニュース』第75巻，2008年4月，6ページ。

36 「消費者庁の基本構想」消費者法ニュース発行会議『消費者法ニュース』第74巻，2008年1月，33-35ページ参照。なお，この文献は次のものを参考にしているとされる（日本弁護士連合会，前掲稿，216-226ページ）。

37 高橋義明「OECD諸国における消費者行政の動向」『法律時報』第80巻第5号，日本評論社，2008年5月，84-89ページ参照。

38 次の資料を参照した。民主党公式サイト「『消費者権利院法案』及び『消費者団体訴訟法案』を衆議院に提出」（http://archive.dpj.or.jp/news/?num=15446　2018年4月17日アクセス）。

39 小倉正行「政府の『食の安全・安心対策』で国民の期待に応えられるか―『消費者庁（仮称）』構想の問題点―」日本共産党中央委員会『前衛』第834巻，2008年9月，47-57ページ参照。

40 中村雅人「『消費者庁』の創設に問われる基本視点」東京市政調査会『都市問題』第99巻第5号，2008年5月，11ページ。

41 大橋照枝「消費社会論の視点から持続可能な地球社会の構成員として"生活者"のあり方を展望する」麗澤大学経済学会『麗澤学際ジャーナル』第16巻第2号，2008年9月，23-34ページ参照。

42 吉岡和弘「動き出す『消費者庁』と『消費者委員会』」『ジュリスト』第1382号，有斐閣，2009年7月，39-40ページ。

43 国民生活審議会総合企画部会，前掲書，7ページ。

第 | 2 | 章

消費者庁とCSR・企業倫理
——包括的なCSR・企業倫理行政を実現する体制・制度の検討——

　CSR（企業の社会的責任）や企業倫理の実現の方途には，①個別企業倫理（個別企業による自己規制の内部制度化），②経済団体や業界団体などの事業者による団体の自主規制（団体内自主規制基準の制定とその遵守），③公的規制（行政当局による法令にもとづく規制），④民間団体の活動（消費者団体などのNPO・NGO等による事業者への監視・支援など）が存在する。

　このうち③について，日本には事業者に対する代表的な規制当局として消費者庁が存在する。消費者庁設置以来の活動・成果として，例えば，消費者志向経営啓発活動，「景品表示法」の課徴金制度の確立とその運用などが確かに存在するものの，事業者の活動に対する十分な公的規制体制の確立という点では，未だその途上にあるといえる。

　そこで，消費者庁の設立理念・使命やその意義，消費者庁の消費者行政における政府全体の司令塔機能の実際，英国のCSR行政と「『新しい公共』円卓会議」等の問題などを考察して，最終的に，CSR・企業倫理実現[1]という観点からの今後のあるべき消費者庁を中心とした消費者行政の体制・制度について検討するのが本研究の課題である[2]。

第1節　消費者庁の設立理念・使命と「生活者」概念

第1項　消費者庁の設立理念・使命

　2007年に成立した福田康夫内閣では，当時社会問題化していた，企業の不祥事に基因して生じた食品安全に関する国民間の大きな懸念などを受けて，内閣府国民生活局を担当する閣僚である，内閣府特命担当大臣（国民生活担当）が置かれた。2008年1月18日の第169回国会における施政方針演説で，福田康夫首相は，各省庁縦割りになっている消費者行政を統一的・一元的に推進するための強い権限を持つ新組織を発足させ，併せて消費者行政担当大臣を常設した上で，この新組織を消費者を主役とする政府の舵取り役にする旨を表明した。同年2月8日には，消費者行政一元化のあり方を検討する有識者懇談会として「消費者行政推進会議」の設置を閣議決定した。岸田文雄内閣府特命担当大臣（国民生活担当）に消費者行政推進担当大臣の兼任が追加発令され，同年3月27日には，「国民生活審議会総合企画部会」が最終取りまとめである「『生活安心プロジェクト』行政のあり方総点検—消費者・生活者を主役とした行政への転換に向けて—」[3]を公表した。同年6月13日の「消費者行政推進会議」第8回会議では「消費者行政推進会議取りまとめ—消費者・生活者の視点に立つ行政への転換—」[4]が作成され，同年6月27日，福田康夫内閣は，「消費者行政推進会議」の取りまとめをほぼそのまま取り込んだ「消費者行政推進基本計画—消費者・生活者の視点に立つ行政への転換—」[5]を閣議決定した。その後，与野党間の共同修正合意による法案の一部修正[6]を経て，2009年5月29日に消費者庁設置関連三法案が参議院で可決・成立し[7]，同年9月1日に消費者庁が発足した。消費者庁発足以後，消費者行政（消費者庁および内閣府消費者委員会）を担当する大臣として，内閣府特命担当大臣（消費者及び食品安全担当）が内閣に常設されることとなった[8]。

　このような消費者庁設置に至るまでの一連の経緯のなかには，「生活者」と

いう用語へのこだわりが見受けられた。まず，先述の福田康夫首相の施政方針演説では，消費者だけではなく生活者という用語も使用された。さらに，福田康夫首相が主催した有識者懇談会である「消費者行政推進会議」が第8回会議で作成した「消費者行政推進会議取りまとめ」の表題・本文・脚注・添付資料の全体のなかで，生活者という用語は6か所に存在し，これを受けて成された福田康夫内閣の閣議決定「消費者行政推進基本計画」の表題・本文・脚注・添付資料の全体のなかでは，生活者という用語が11か所に存在する。

　閣議決定「消費者行政推進基本計画—消費者・生活者の視点に立つ行政への転換—」は，その脚注において，「消費者市民社会」（consumer citizenship）を，「個人が，消費者としての役割において，社会倫理問題，多様性，世界情勢，将来世代の状況等を考慮することによって，社会の発展と改善に積極的に参加する社会を意味しており，生活者や消費者が主役となる社会そのものと考えられる」[9]と説明している。「消費者市民社会」とは「生活者市民社会」と同義であるといえる内容である。消費者庁設置に関しての基本理念は，生活者を中心とした「消費者市民社会」＝「生活者市民社会」の実現を目指すことにあるといえる。

　このような基本理念は，現在の政府においても一部継続していると確認できる。例えば，山本は，法律上の消費者の定義と消費者庁の役割について，「『消費者』は，消費者契約法2条1項および消費者安全法2条1項において，事業者ではない場合におけるすべての個人である旨規定されており，消費者庁は端的にすべての（事業者ではない場合における）個人の利益を擁護することをその役割としていることになるが，このような官庁は前例がないといってよい」[10]と解説している。単なる商品の購入者・利用者としての「狭義の消費者」ではなく，事業者ではない場合における全ての個人を消費者とする「広義の消費者」像こそ，これらの法律上の消費者の定義といえるのであり，まさにそれは生活者の権利・利益擁護を対象としているといえるだろう。さらに，阿南久第三代消費者庁長官は，在任時に，消費者庁の使命に関して，「消費者庁は『消費者』の名を冠しておりますが，『消費者』だけを守るのではなく，国

民生活全体を守るのだと私は理解しています」との見解に同意しているようである[11]。事実，阿南長官が主導して2013年9月に最終確定した「消費者庁職員の行動指針」では，「私たちは，消費者庁の使命を実現するため，以下の指針に則って行動します。」「消費者・生活者の視点に立ち，国民全体の利益を考えます。」[12]として，そのなかに生活者という用語を明記している[13]。

第2項　「生活者」概念とその意義

　消費者は，最も広範な社会的主体（社会構成主体・市民）の利害を代表するステークホルダー（利害関係者）であるといえる。例えば，投資家ではない消費者は存在するが，消費者ではない投資家は存在しえない。また，例えば，個別企業が消費者志向経営を表明したとき，それは社会のなかで最も広範な利害を代表するステークホルダーに配慮した経営を行うという声明であることを意味するので，一般市民，延いては社会全体から好意的に受容されるだろうことは想像に難くない。つまり，単なる一ステークホルダーを超えた意義をもつ存在こそ消費者であり，それに相応しい別名として生活者という用語とそこに込められた概念が存在していると考えられる。そこで次に，学説的には生活者の概念はいかに捉えられているのかを確認する[14]。

　武井は，次のように述べている。「ホモ・エコノミクス的人間でない人間として，しばしば『生活者』という概念が使われる。『生活者』が生活する者すべてを包括する概念であるとすれば，生産者，消費者，労働者，資本家，経営者，企業家，地主などのあらゆる経済主体もすべて生活者に含まれる。こうした範疇に直接所属しない，老人，夫人，子供，僧侶，芸術家，身障者などももちろん生活者である。」「ホモ・エコノミクス的人間は人間のすべての行動を経済的合理性に求めていたが，これは人間の行動原理の一面にすぎない。」「経済的な要因は人間の生活の一面であって，すべてではない」。経済人的「合理性はすべての対象を要素に分解し，その要素間の整合理を吟味・検証する合理性をいうのに対して，」生活者「のそれはすべての対象を要素に分解するのではなく，逆に非合理的な要素をも含めた，綜合判断をもとにした対象全体のもつ

合理性を追求する場合のそれをいう。」「それ故，仮に『生活者』を敢えて定義するとしたら，非経済的合理性を追求する人間であるといえよう」[15]。

　武井は，「経済人」的人間観と相対する人間観として「生活者」という概念を規定する。経済人はあくまでも対象の経済的合理性を追求するものであるのに対し，生活者は非合理的な要素も含めた綜合判断のもとで対象全体のもつ合理性を追求するものであるとする。これは精神障害者雇用でたとえるならば，障害者の雇用は業務の効率を悪化させると判断する経済人に対し，生活者は，障害者を雇用することで健常者従業員の人間的成長が促され，結果として業務の効率は落ちても会社に益をもたらすと判断する，ということであろう。

　佐々木は，次のように述べている。「『生活者』という言葉のルーツをたどってみよう。」「明治維新後，自由民権運動のなかで日本人は，新しい暮らしへの強い願望から英語のLIFE，フランス語のVIE，ラテン語のVITAを翻訳して漢語の『生活（せいくわつ）』という言葉をあてはめ，多用しはじめた。原語の意味は複数の辞書を再構成すると次のようになる。（1）生命，生存，生物　（2）生活，生計，暮らし　（3）人生，世間，実生活，日常世界　（4）元気，活気，生命感　（5）生き方，一生，生涯」。「『生活者』という言葉をはじめて使われたのは，神奈川大学の大熊信行教授である。二十数年来『人間主義の経済学』を主張してきた孤高の経済学者であった。一九六三年五月，当時の編集者であった天野祐吉氏の依頼に応じて『月刊広告』に書かれた『消費者から生活者へ』という論文によって，マーケティングの世界にはじめて『生活者』が登場したのである。」「その後，六八年に天野祐吉さんが筆者（＊本引用元文献の著者のこと）との共同作業のなかで『生活者』という言葉を意図的に使われた。それが契機となって時代のキーワードになっていったのである。天野さんによれば，『生活者』という言葉は『普通の人』，つまり長屋の八っつぁん熊さんといった庶民を指している。庶民が下層階級として軽んぜられるような社会はよい社会ではない，庶民がいきいきと生活する世の中になるようにという願いをこめて『生活者』という言葉を天野さんは多用された。」「人間には，家事や団欒や娯楽からなる日常生活や読書や絵画という文化もあって，消費はその一部分にし

か過ぎないのではないか」[16]。

　佐々木はこのように，「生活者」という用語の由来を紹介している。

　毛利は，次のように述べている。「『生活者』などという」「この言葉は『会社人間』『過労死』などの言葉で表されている日本人の生きざまに対する反省と批判のなかからおのずと生まれてきた言葉であるとともに，もっと人間中心の社会をと望む人々の期待が込められている。」「女性解放から一歩進んで，ジェンダー構造を生みだすような社会システムへの変革を目ざす女性活動家たちは，『生活者』という言葉に，『従来の国民，市民，住民とは異なる，アイデンティティを主体的にもつ主婦女性』をイメージしているようだ。」「この社会では生活は無視され疎外されていることを『会社社会』とか『会社人間』などという言葉それ自体が表している」[17]。

　このように佐々木は，「生活者」という用語には，「会社人間」や「過労死」などの言葉で表されるような日本人の生き様に対する反省と批判の意味合いがあるとし，無機的な会社組織を中心とした企業社会ではなく，人間性を中心とした社会への志向性が込められている，とする。

　片山は，大熊，山崎，宇野の「生活者」論を以下のようにそれぞれ説明している[18]。

　大熊の「生活者」論については，次のように説明している。「経済学は労働力の再生産という言葉を用い，その場として家庭を設定しているが，われわれが家庭で行うのは具体的には栄養と休養をとって疲労から活力を回復することであり，それは本質的には人間そのものの再生産，人間の生命力の再生産であり，決して労働力の再生産ではない。つまりそれは生活者としてよみがえるということであり，その過程の中に疲労をいやすことで労働エネルギーが回復する面はあるとしても，それは家庭が目的としているところではない。家庭はあくまでも人間そのものとしての生活者の日々の生活を再生産するための場であり，労働者としての労働力なるものの再生産のための場ではないのである」[19]。つまり，経済学は家庭を労働力の再生産の場として捉えているが，本来人間が家庭で行うのは労働力の再生産自体ではなく，あくまでも人間そのものとして

の生活者の日々の生活の再生産である，ということである。

　山崎の「生活者」論については，次のように説明している。「これまでは『誰かであるひと』であるためにはとりたてて意識したり，努力することは不要であり，一つの集団に属していれば，同じ集団の他人の気配りを受けることで，自動的に『誰かであるひと』としての存在を認められたのである。しかし，今日のように帰属する集団が家庭，企業といった一元的なものではなく，同時に他のいくつかの集団とかかわりをもつようになると，それぞれの集団における自らの役割を意図的に演じなければ『誰かであるひと』とは認められないのである。」つまり，「演技する人生を生きるのであるが，山崎氏において演技とは，どんな役割についてもつねに新鮮な気持ちで，発見をこめて生きようとすることであり，決してその場かぎりのいい加減な生き方を意味するものではない。このように自らを常に柔軟に保ち，いくつかの集団に意識的に属し，そこでの役割を演じ分けながら，人生という一つの過程をしなやかにすごす存在こそ，生活者とよぶにふさわしい」[20]。つまり，まず，現代人は会社や家庭といった一元的なものに帰属するだけではなく，同時にいくつもの社会的な集団と関わることが増えてきており，それらの集団との関わりにおいては，現代人は常に自らの役割を意図的に演じなければ認められない，とする。そこで，それらの集団に従属的に関わるのではなく，主体的かつ意識的に属して，自らの役割を演じてこそ，人生は開かれたものとなるのであるが，そのような主体性をもった存在を生活者と呼ぶに相応しいとしている，ということである。

　宇野の「生活者」論については，次のように説明している。「経済成長のなかで経済的欲求を十分に充足された消費者が，満腹ゆえの経済ばなれをおこし，欲求の中心を創造欲求へと移した時である。高価なものでなくともよく，たとえ安価であっても自らの存在を浮きぼりにし得るものを求める欲求であり，たとえ安価であってもというところに経済ばなれが顕著である。ここに，人間らしい生活者概念が確立されることになる。」「結論的にいえば，まず楽しい生活設計ありきである。そして生活者は，それを実現するためにはどのような商品，サービスを購入，消費，使用すべきかを考える主体である。そこで想定されて

いる生活は衣，食，住のような部分的生活ではなく，これらを組み合わせた
トータルとしての生活全般を指している」[21]。つまり，そもそも人間の生きる
目的はあくまでも幸福の追求にあり，生活者とは，その幸福の追求のために，
生活全般について，どのような製品やサービスを購入・利用して消費すべきか
を考える主体であるとしている，ということである。

　御船は，まず，現代人は一生の間に様々な経済的主体に属して複合的に経済
生活を営むものであり，そのなかでは「労働者，消費者，債権・債務者，国民，
住民，家族員，ボランティア，納税者・年金受給者，地球市民」などの多くの
経済的役割をもつものであるとする。そして，それらの各個個別的な役割を超
えて，全てを統合した観点から自律的に自らの生活を営むという志向性をもつ
存在を，「生活者」としている[22]。

　原は，「生活者」には狭い意味と広い意味があるとする。「狭い意味での『生
活者』」とは，社会問題や自然環境の持続可能性などとの関わりにおいて，自
らの生活を意識的かつ主体的に営もうとする人間を指す。「広い意味での『生
活者』」とは，自らの生活を主体的に営むことが出来ないような存在も含めて，
生きている人々全体を指す。そして，「狭い意味での『生活者』」は，「広い意
味での『生活者』」全体のことを考慮・配慮して，消費生活を営むことが求め
られているとする。さらに，そのような生活者とは，「生活者としての工夫」
を出発点として，マルチステークホルダーのなかに埋没することなく，行政や
企業を動かすようなシステムの構築に貢献し，それらの意思決定過程に参画す
る存在である，としている[23]。

　以上のように，生活者という用語とその概念は，諸外国にはあまりみられな
い日本の独自性が高いものであるとともに，多様に解釈されうるものである。
しかし，各論者間で主に共通していると考えられる点をまとめ，「生活者」概
念を改めてここに定義づけるならば，生活者とは，人間中心主義の立場と，多
様なステークホルダー全てを統合した総合的見地から社会活動を実践し，その
責任を，将来誕生するものも含め，生きとし生けるもの全てに対して負う存在
である，といえるだろう。このような生活者の概念を中心に置いた上で，全て

の市民がその概念を実践しうる最も基本的な社会活動の場こそ，消費生活の現場であり，その意味において，消費者は「生活者（消費者）市民社会」の成立に意味をもつ。

　このような生活者の概念故に，消費者を中心とした多様なステークホルダー全体の利害を代表する生活者の権利・利益を擁護する存在として，消費者庁は，実質的には「生活者市民社会」の実現を目指す存在といえることになる。ということは，単なる狭義な意味での消費者を超えた生活者の権利・利益擁護の実現のために，「狭義の消費者」のみを対象とした行政を超えて，生活者全体のための行政を成す必要がある。それはつまり，企業（事業者）によるステークホルダー全体に対する適切な配慮の実現を目指すものということであり，実質的には，CSR（企業の社会的責任）や企業倫理の実現を目指す行政といえよう。事実，在任時の伊藤明子第六代消費者庁長官は，その論文のなかで，「また，消費者保護，消費者の自立支援に加えて，SDGsの目標『つくる責任，つかう責任』と関連して，消費者や事業者の社会的責任の自覚を喚起するとの視点も今後重要になってくる」[24]と指摘し，企業（事業者）の社会的責任に対する取り組みへの潜在的な関心を示していた。

第2節　消費者庁の規制制度の仕組み（司令塔機能）とその実際

第1項　消費者行政の法執行体制

　日本の中央政府の行政事務が，原則的に，各府省庁等[25]を所管する各行政機関の長（大臣）を中心として，各種の中央官庁により分担して管理されている。これは，「内閣法」（昭和二十二年法律第五号）や「国家行政組織法」（昭和二十三年法律第百二十号）などに規定されているものであり，「分担管理事務」の原則といわれ，いわゆる縦割り行政の根拠となっている。

　但し，内閣総理大臣を主任の大臣とする内閣官房や内閣府などの官庁には，その他に「内閣補助事務」という任務にもとづいて「総合調整機能」と呼ばれ

る権限が与えられている。これは，他の行政機関に対して，内閣官房や内閣府が行政各部の施策の統一を図るために総合的な調整を行う，という権限である[26]。この総合調整機能は，政府全体の消費者行政の司令塔でなければならない消費者庁にとって，必要不可欠なものである。消費者庁発足当初は，消費者行政に関する総合調整機能は内閣府本府のみが有し，その外局である消費者庁には付与されなかった。しかし，後日の法改正により，現在では消費者庁にも消費者行政に関する総合調整機能が付与された。

消費者庁を中心とした，消費者行政の法執行体制は次のようである。

【消費者庁が単独で所管する法律の場合】：個別の法律による規定により，消費者庁が単独で法執行を担う（消費者庁は主に表示，取引，安全などに関する法令を執行する）。

【消費者庁が他の官庁と共同で所管（共管）している法律の場合】：個別の法律による規定により，他の官庁と共同で法執行を担う（他の官庁に対して，消費者庁は事前協議や意見を述べるなどして関わる）。

【当該事案を管轄・規制する法律が存在しない，いわゆる「すき間事案」の場合】：「消費者安全法」の規定により，内閣総理大臣（実質的には消費者庁）が単独で法執行を担う（事業者への勧告・命令等を実施する）。

第2項　消費者庁の総合調整機能の実際

消費者庁の総合調整機能は，二つの意味で重要な役割をもつ。一つは，消費者庁以外の他の官庁が単独で所管する法律とそれにもとづく政令等，すなわち消費者庁が直接関与することが出来ない法令でのみ対処しなければならない事案が発生した場合に，当該事案への対処を当該所管官庁に要請すること，もしくは，そのような場合の当該所管官庁の当該事案への対処に問題があるときに，その是正を要請することである。もう一つは，消費者・生活者の問題は消費者庁以外の多様な行政機関とも関わりを有する場合があるので，そのようなときに消費者庁が他の行政機関に必要な対応要請を行うことである[27]。

消費者庁以外の他の官庁が単独で所管する法律とそれにもとづく政令等にの

みもとづいて対処しなければならない事案が発生した場合に，当該所管官庁の対応に問題がある場合，消費者庁には法律にもとづいた次の権限が与えられている。

- 消費者庁および内閣府の主任の大臣である内閣総理大臣による，当該官庁を所管する大臣に対する「措置要求」権（「消費者安全法」の規定）。但し，この権限はいわゆる「抜かずの宝刀」状態といわれている。
- 内閣府特命担当大臣（消費者及び食品安全担当）による，当該官庁を所管する大臣に対する「勧告」権（「内閣府設置法」（平成十一年法律第八十九号）による規定）。但し，この権限もいわゆる「抜かずの宝刀」状態といわれている。

このように，「措置要求」権も「勧告」権も現実にはなかなか行使されない[28]なかで，実際の消費者庁の総合調整機能は，「事務レベル協議」や「大臣折衝」を通じた他官庁への対応要請によって担保されうるとみられる。

第3項　事務レベル協議

「事務レベル協議」の実施とは，消費者庁職員と他の関係行政機関職員とが，双方ないしは一方が有する懸案の行政事務上の課題について協議を行うことである。消費者庁職員は，この協議のなかで，消費者行政に関する固有の法的権限を有する当該関係行政機関に対して，必要な対応要請を行う。消費者庁職員がそのような「事務レベル協議」を行う機会として，例えば，関係各官庁においてそれぞれ任じられている消費者安全情報総括官が参加する「消費者安全情報総括官会議」，各府省の事務次官が定期的に一堂に会する（消費者庁長官も構成員である）「次官連絡会議」，後述するような「関係省庁（局長）連絡会議」などが存在するようである。他のタスクフォース的な事例としては，例えば，特定の食用油製品の安全性についての消費者問題に対応した「エコナ関連製品に関する関係省庁等担当課長会議」なども存在していた。したがって，「事務レベル協議」を行う機会は，固定的なものに限らず柔軟に用意されているといえよう。

第4項　大臣折衝

　事務レベル協議が不調に終わると，消費者庁を実質的に所管する大臣である内閣府特命担当大臣（消費者及び食品安全担当）と，関係行政機関の長たる所管大臣との間で，「大臣折衝」が行われうる。

　消費者行政に関する問題での「事務レベル協議」と「大臣折衝」の実例が存在する。福田康夫政権時の岸田文雄消費者行政推進担当大臣[29]の事例である。当時，新設計画を進めていた消費者庁に，他省庁等の所管する消費者行政に関わる法律を移管するべく，岸田消費者行政推進担当大臣は関係各所管大臣と大臣同士で折衝をした。これは，「内閣法」により総合調整機能を有する内閣官房の消費者行政一元化準備室所属のいわゆる事務方の官僚と，当該関係省庁等の官僚との間で事前に実施された事務レベル協議が不調に終わったために実施されたものであった[30]。なお，この折衝を経て，最終的には新設予定の消費者庁に，多くの消費者問題に関わる法律が他の官庁から移管されることが実現した。

　以上のように消費者行政に関する総合調整機能の実際を理解すると，消費者行政に関する政治（政務三役：消費者行政担当の内閣府特命担当大臣・内閣府副大臣・内閣府大臣政務官）や，民間出身者が任用される場合もある役職である消費者庁長官の強いリーダーシップがなければ，消費者庁の総合調整機能の実質化は実現できないことが分かる。したがって，消費者行政や消費者問題に関する，高度な専門的知見を有する人物を，これらの役職に任用する「慣例」が求められているといえるだろう。

第3節　単なる消費者行政を超えた生活者中心の消費者行政の
参考として―英国のCSR行政―

第1項　英国政府のCSR行政

既に確認したように，「狭義の消費者」行政を超えて，生活者中心の社会を作ることこそが，究極的な意味での消費者庁の設立理念・使命である。生活者とは，多様なステークホルダー全体を代表する存在，すなわち，最も広範な利害を代表する存在である消費者の別名ともいうべきものである。つまり，「生活者（消費者）市民社会」を実現するためには，生活者を中心とする多様なステークホルダーと関わりをもつ行政各部全体がこれに取り組まなければならないのであり，要するに，政府全体として取り組まなければならない。

企業（事業者）と，関連する各ステークホルダーとの間に存在する，企業倫理問題も含めた社会的課題事項の解決促進を実現するための取り組みを，CSR政策・行政として，政府として推進した先例に，英国政府の取り組みがある。ここでは，日本における，「狭義の消費者」行政を超えた生活者中心の消費者行政を実現するための参考として，かつての英国政府のCSR行政を確認する。

英国で1997年に発足した当時の労働党ブレア（Blair, T.）政権では，2000年から，「貿易産業省」（DTI：Department of Trade and Industry）にCSR専任部局が設けられ，内閣の構成員ではない大臣である「閣外大臣」（Minister of State）として，CSR担当大臣が置かれた。これは，2000年3月にEU（欧州連合）のリスボン戦略でCSRが政策的課題として取り入れられ，EU加盟諸国がCSRの促進を政策的課題として取り入れることになった故である[31]。

このようなEUの取り組みの背景には，規制緩和や小さな政府といった言葉に代表される，いわゆる「新自由主義」的政策が各国で実施されていくなかで，自然環境問題や，いわゆる「市場の規律」が通じないような社会問題に対処する必要性が生じたことがある[32]。

　政府が企業を直接規制するよりも，企業自身による自主的な改善を促す，という新しい政策がCSRであった。「このような政策転換は，企業にとっても規制緩和に通じるため好都合で，経済団体も積極的にCSRを支援するようになった」[33]ようである。

　英国のCSR行政について，最初に策定されたCSR戦略は，2002年の『企業と社会－イギリスにおけるCSRの発展』（Business and Society：Developing Corporate Social Responsibility in the UK）であり，2004年には『企業の社会的責任－改訂版』（Corporate Social Responsibility：a Government Update）が作成され，2009年にはこれまでの成果と課題を示した『企業の責任に関する報告書』（Corporate Responsibility Report）が公表された[34]。

　英国のCSR政策の主要な内容は，「①CSRに関するビジネスケース紹介，②CSRの実践において功績のあった企業に対する表彰・顕彰，③様々なステークホルダーとのパートナーシップの構築，④企業がCSR活動に参加することに対する支援（e.g. 経営手法の開発や職業訓練，優遇税制などの財政的支援など），⑤政府機関による助言，⑥国内及び国際的なCSR行動基準に関する合意形成の促進」などであった[35]。

　英国のCSR行政の要点をまとめると，CSR担当大臣の主な仕事は，CSRを普及・発展させるため，企業側と，ステークホルダー側である各種のCSR関連のNPO（非営利組織）・NGO（非政府組織）との間を取り持ち，繋げる機能を果たすことであり，そのために，貿易産業省を始め多くの他省庁も実施する政府のCSR関連プログラムを調整することであった。なお，その後，貿易産業省は，2007年に「ビジネス・企業・規制改革省」（BEER）に改組され，さらに2009年には他省庁と統合して「ビジネス・イノベーション・スキル省」（BIS）に改組されたが，一貫してCSR担当大臣は継続設置され，CSR行政は維持され続けた。

　この間，具体的な政策成果の事例としては，英国政府が設置し広く活用されていたウェブサイト「ビジネスリンク」において，具体的事例をもってCSR実践を事業者に促す仕組みの導入や，「クイーン賞」（The Queen's Awards for

Enterprise）における環境・CSRに貢献した企業を表彰する仕組みの導入によるCSRに関する取り組みの社会的地位向上などが挙げられるが，特に，CSR政策の一環として実施された「1999年改正年金法」（Pension Act 1999）は，年金基金の資金運用の際にCSRへの注意喚起を促して，SRI（社会的責任投資）を実施する年金基金を増加させるものであったが，結果，英国のSRI投資残高は，1999年には約244万 7 千ポンドだったものが，2005年には608万 7 千ポンドに急拡大した[36]。このような具体的成果がありながら，しかし，2010年に成立した保守党・自由党連立政権はCSR担当大臣を任命しなかった。これは，政策のもととなる政治思想が，政権交代により，政府による父権的な施策を必ずしも志向しないものに変わったからだと考えられるだろう。なお，英国に次いでフランス政府でも，2002年 5 月にCSR担当大臣（持続可能な発展担当大臣）が設置され，当時改正された経済規制法にもとづき持続可能性の観点から，上場企業の年次報告書に，財務情報以外に環境や社会的側面に関する情報の開示を義務づけるなど，各種の施策が実施されたようである[37]。

　このように，英国のCSR行政では，企業（事業者）と各種の多様なステークホルダーとの間の，対話の場を用意・斡旋する機能が重視されていたのであり，それが企業倫理問題も含めた社会的課題事項の解決に繋がるのであった。

第 2 項　日本政府における類似の政策

　このような英国や欧州における一連のCSR行政の影響を受けて，当時の日本政府でも類似の政策が企画・立案されていたことが確認できる。

　2008年 3 月27日の「国民生活審議会総合企画部会」が生活安心プロジェクトの最終とりまとめとして公表した「『生活安心プロジェクト』行政のあり方総点検」のなかでは，「消費者・生活者の安全・安心を磐石なものとするためには，主役たる消費者・生活者自身が自らの権利と義務の下，自立して困難に立ち向かい，社会の公正性を達成しようとして活動するとともに，さらにそれ以外の主体も含めた多様な主体の役割が不可欠である。このことは，より長期で見た消費者・生活者の利益を考えた場合，特に，現世代の消費者・生活者の安

全・安心のみならず，将来世代の消費者・生活者の安全・安心の確保も考えた場合，一層重要となる」[38]と指摘している。

　そして，「『安全・安心で持続可能な未来に向けた社会的責任に関する円卓会議』の開催」が必要であるとして，「我が国においても，社会的責任の取組を促進するための環境整備を総合的かつ戦略的に推進し，政府と市場，そして市民社会が一体となって安全・安心で持続可能な未来を実現する体制を整備することは喫緊の課題である。そこで，平成20年度のできる限り早い時期に，『安全・安心で持続可能な未来に向けた社会的責任に関する円卓会議』を開催するべきである」とした[39]。

　しかしながら，「安全・安心で持続可能な未来に向けた社会的責任に関する円卓会議」の活動期間は2009年3月24日から同年5月12日までの僅か一月半であり，実質的には何も成すことが出来ないまま鳩山由紀夫政権以降において凍結され，新たに同会議とは性格の異なる「『新しい公共』円卓会議」，そしてその後継である「『新しい公共』推進会議」が登場したが，これもまた凍結され，最終的には新たに作られた「社会的責任に関する円卓会議」が残存した。現在も名目上は「社会的責任に関する円卓会議」は存続されているようだが，実質的にはほぼ有名無実化された政策となっている現状といえる。特に，「新しい公共」政策の登場による「円卓会議」の置き換わりにより，「官民パートナーシップ」の理念の下で，公共サービスの担い手を行政から地域住民やNPO等に移行させることが重視され，本来の役割であったはずの，ステークホルダー間の対話によるCSR推進（企業倫理問題も含めた社会的課題事項の解決）という機能が「円卓会議」から次第に失われていってしまったといえる。以上の経緯は，食品安全問題を契機に消費者，延いては国民全体の安心・安全のための政策としてスタートしたものが，開始直後に中道左派的色彩の強い民主党への政権交代により，官民パートナーシップの推進へと政策内容が上書きされ，さらに，民主党政権崩壊以降に誕生した政権では，新自由主義的政策が推進され，自己責任の原則のもと，消費者・生活者に対する父権的な保護政策の推進がためらわれたからだと考えられる。故に，民主党政権崩壊後を主な活動期間とす

る「社会的責任に関する円卓会議」が特に注目されることもなく有名無実化したのは当然の帰結といえよう。

　しかし，国民生活審議会が示した当初の「円卓会議」の姿は，当時の食品安全問題に関わる各種の企業不祥事を受けてのものとして，「消費者・生活者の安全・安心を磐石なものとするため」のものであり，本来はCSRや企業倫理を推進するためのマルチステークホルダーの対話の場であったはずである。やはり，「包括的なCSR・企業倫理行政」の実現推進のためにも，マルチステークホルダーの対話と企業倫理問題も含めた社会的課題事項解決斡旋の場としての，政府主導の「円卓会議」の設置は重要であるといえるのではないか。事実として，例えば消費者庁に関わる現行の類似的な組織として消費者庁「消費者教育推進会議」[40]が存在する。消費者教育の総合的，体系的かつ効果的な推進に関して，消費者問題及び消費者行政に関わる幅広いステークホルダーと有識者が委員となり，委員相互の情報の交換及び調整を行う会議の存在は，マルチステークホルダーの対話の場が潜在的に要請されていることの証左といえるのではないか。

第4節　包括的なCSR・企業倫理行政を実現する体制・制度の検討

第1項　生活者中心の消費者行政（包括的なCSR・企業倫理行政）を実現する方途

　消費者庁の設置理念であり，究極的な意味においてその使命であるといえる，「狭義の消費者」行政を超えて生活者中心の社会を作るためには，いかなる方途が考えられるのか。

　第一には，消費者庁の権限と組織を強化・拡大し，大規模強権官庁とすることで実現を図るという方途が考えられるだろう。確かに，このような「大規模組織としての消費者庁構想論」などは以前より存在する[41]。しかしながら，周

知のように，日本政府の重度の財政難による財源不足や，1960年代より今日ま
で継続して唱えられ続けている，いわゆる「行政のスリム化志向」を考えると
現実的ではないといえる。

　では，より現実的な方途とはいかなるものであろうか。それは，新たな財源
確保を必要とせずに，また，官庁の増設や肥大化を招かずに実現することが要
請される。つまり，既存の行政的仕組み・制度を活用して「包括的なCSR・企
業倫理行政」を実現する体制を作ることである。

第2項　2008年福田康夫内閣による「消費者庁の先行実施」事例

　より現実的な方途の具体的内容・実施方法として参考にすべきものとして，
ここでは2008年の福田康夫内閣による「消費者庁の先行実施」事例を検討する。
ここでいう「消費者庁の先行実施」事例とは，消費者庁設置以前の当時の政府
による，いわゆる中国産冷凍餃子事件への具体的対応であり，それは「包括的
なCSR・企業倫理行政」の必須要件である，政府内の各官庁間の総合調整機能
の効果的実施の実例である。その概要を以下の引用をもって紹介する。

　「総理は，1月30日，官邸に岸田文雄内閣府特命担当大臣（国民生活担当）
を呼び，国民生活審議会とは別に，官邸に新組織のあり方について検討する仕
組みを新たに設ける方針を伝えた。それは，いわゆる中国産冷凍餃子事件発生
の情報が官邸に伝わり，国民に広く明らかになるのとほぼ同じタイミングであ
り，その日の夜には，別途，同事案について，岸田大臣に対し，中国産冷凍餃
子事件に関する担当大臣となるよう指示があった。未明には，関係府省庁の局
長会議が開催され，翌平成20年1月31日朝には，『食品による薬物中毒事案に
関する関係閣僚による会合』が開催された。中国産冷凍餃子事件について岸田
内閣府特命担当大臣（国民生活）を補佐したのが，内閣府国民生活局である。
のちに，消費者庁構想が具体化してからも，このときの各省庁との連携体制は
基本的に維持され，野田聖子消費者行政推進担当大臣の下で『消費者庁の先行
実施』との位置づけを与えられる[42]」。

　この「消費者庁の先行実施」事例を具体的にまとめたのが次の**図1**である。

▶図1　2008年「消費者庁の先行実施」体制

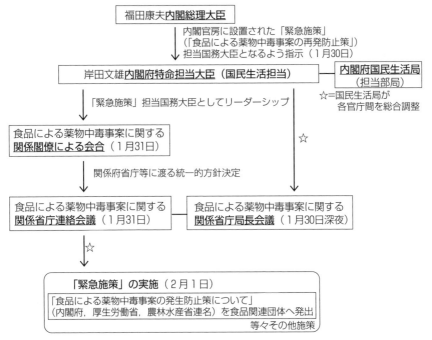

出所：川口康裕「消費者庁関連3法案の策定とその成立過程について」『名古屋大学法政論集』第270
　　　号，名古屋大学大学院法学研究科，2017年2月，8－9ページ，および，食品による薬物中毒
　　　事案に関する関係省庁連絡会議（2008年2月6日）「食品による薬物中毒事案について（第7
　　　報）」，および，食品による薬物中毒事案に関する関係閣僚による会合申合せ（2008年2月22
　　　日）「食品による薬物中毒事案の再発防止策について（原因究明を待たずとも実施すべき再発防
　　　止策）」を参考に著者作成。

　この事例においては，法令の改正なく実施可能である内閣総理大臣による内
閣官房への「緊急施策」の設置と，内閣官房・担当大臣・内閣府（当時は国民
生活局）が有する他官庁への総合調整機能が，権限として行使された。これに
伴い，「関係省庁局長会議」「関係閣僚による会合」「関係省庁連絡会議」が順
次設置・開催され，最終的に関係府省連名による「緊急施策」が発出された。
消費者庁設置以前である当時において，特定の官庁の権限を越えた政府全体で
の施策の総合調整にもとづかなければ実現できない，消費者行政に関する「緊

急施策」を実施するための体制が整えられたのである。

　2008年「消費者庁の先行実施」体制という先例は，官庁間において施策の総合調整を実現する総合調整機能の実質化のための方途の実例であり，現在の消費者庁が，その設置理念から生活者を中心とした市民社会，すなわち実態としては「包括的なCSR・企業倫理行政」の実現を究極的な使命としながらも，そのために必要な広範なステークホルダー全てに関係する政府内の具体的権限を包括的に有さないなかで，非常に効果的なその使命の実現方法を示しているといえる。図１内の「緊急施策」を「生活者の権利・利益擁護のために必要な施策」の具体名に，「内閣府特命担当大臣（国民生活担当）」を現行の「内閣府特命担当大臣（消費者及び食品安全担当）」に，「内閣府国民生活局」を現行の（内閣府外局）「消費者庁」に入れ替えて構想すると，それは「包括的なCSR・企業倫理行政」を実現可能とする体制・制度となるといえるのではないだろうか。

　この点についての現行の関連事例として，消費者庁を中心とした「若年者への消費者教育の推進に関する４省庁関係局長連絡会議」の存在がある。消費者庁は，「2018年２月20日に『４省庁関係局長連絡会議』を開催し，『若年者への消費者教育の推進に関するアクションプログラム』」「を取りまとめた。アクションプログラムは，2018年度から2020年度の３年間を集中強化期間として，消費者庁，文部科学省，法務省，金融庁の関係４省庁が緊密に連携して各種取組を推進するものである[43]」。この「若年者への消費者教育の推進に関する４省庁関係局長連絡会議」は，成年年齢の18歳への引き下げが2022年４月１日に予定されるなかで，消費者・生活者として将来誕生する18歳成年が，成年年齢の引き下げを原因として各種の消費生活上のトラブルに巻き込まれないように，関係省庁間で主として必要な教育上の施策を調整するための会議である。

　生活者の主な活動舞台である消費生活上において，18歳成年を啓発し，その権利・利益を擁護していくためには，消費者庁が従来から担っていたような消費者教育だけでは不十分であり，学校教育上のより積極的な取り組みが求められるだろう。また，必要に応じて（民法等の）法改正も視野に入れた18歳成年

保護のための規制の必要性が明らかとなる可能性もあり，特に消費生活上でトラブルが多い金融分野に関しても同じことがいえる。このようなことから，消費者庁が中心となって，関係省庁の施策が総合調整され統一的に運用が図られたのである。この事例は，「狭義の消費者」行政における総合調整の事例ではあるが，しかし，多様なステークホルダーと関わる関係省庁の施策を総合調整して統一的に運用することこそが，「包括的なCSR・企業倫理行政」を実現していく方途であることは間違いない。このような政府内の各官庁横断的な「連絡会議」が，生活者が関わる施策のテーマで設置され運用されることが望ましいだろう。

　消費者庁が中心となった総合調整が，「狭義の消費者」行政を超えて生活者が関わる多様な分野で実施され，結果として，「包括的なCSR・企業倫理行政」が実現されていくことで，「生活者（消費者）市民社会」が実現されるのである[44]。

第 5 節　小　括

　本章は，消費者庁の設立理念・使命を「生活者（消費者）市民社会」の実現にあるという点から確認した。消費者庁に与えられた使命は，その設置経緯に内在する理念からみて，単なる商品の購入・利用者としての「狭義の消費者」の権利・利益の擁護だけではなく，多様なステークホルダーのなかでも最も広範な利害を代表する存在として「広義の消費者」である，「生活者」の権利・利益の擁護でもある。それは現実に運用されている法律の条文からも確認できる事実であった。

　消費者庁は，日本の中央政府を貫く分担管理事務の原則を超えて，各官庁間の施策の統一を図る「総合調整機能」を有する。単独で所管する法律を執行するのみならず，他の官庁と共管している法律の執行にも関わり，また，対応する法令の存在しない「すき間事案」にも勧告や命令を行使しうる。さらに，他の官庁が単独で所管する法律で対処しなければならない事案については，首相

の「処置要求」権や内閣府特命担当大臣（消費者及び食品安全担当）の「勧告」権によって，対処の未執行を阻止する手段を有する。しかしながら，総合調整機能を実質化するものは，現場の消費者庁職員や消費者行政を担う政務三役のリーダーシップであった。

　生活者を中心とする市民社会を実現するためには，実質的には「包括的なCSR・企業倫理行政」を志向せねばならず，それは多様なステークホルダーに関わる施策を実施することを意味する。多様なステークホルダーは，政府のあらゆる機関と関わりをもつ故に，政府内で施策の総合的な調整が欠かせないが，そのような調整を経て企業（事業者）側と各種のステークホルダーとの対話を実現し社会的課題事項の解決に結びつけたのが英国のCSR行政であった。この英国政府の取り組みは，あるべき消費者庁の体制・制度を考える上で示唆に富む。

　「包括的なCSR・企業倫理行政」を実現する体制・制度の検討として，2008年「消費者庁の先行実施」体制という事例を確認した。これは，消費者庁設置以前である当時において，特定の官庁の権限を越えた政府全体での施策の総合調整にもとづかなければ実現できない「緊急施策」を実施するための体制であった。このなかで行使された権限や仕組みは，特定の大臣と官庁が政府全体の施策を総合調整する制度を実質化するものであり，この制度を利用して，その対象分野を拡大することで「包括的なCSR・企業倫理行政」を実現することが可能となることを確認した。

　以上のような本章の主張は，一般の人々のみならず各種の専門家の間においても，これまであまり注目されてこなかった事実や事例にもとづく論理，理論構成であるといえる。したがって，今後は「消費者行政とCSR・企業倫理」論ともいうべき学問分野の開拓ないしは成立が課題とされる。

注 ────────────────

1　企業倫理とは，「企業におけるあらゆる意思決定に対して企業内部で統一された倫理的基準を確実に適用すること」であり，現代においてCSRとは，「企業を社会

的責任に対応した即応的態度と倫理的思考を有するべきものとして捉え，それらの具体的実現のために必要な要件について制度的対応が可能な存在となることを企業側に求める（企業内部および企業外部における）動き」である。なお，前者は拙著『企業倫理研究序論—経営学的アプローチと倫理学的考察—』文理閣，2017年，34ページより引用した。後者は同拙著66ページからの引用である。詳しくはそちらを参照されたい。

2　なお，この分野の先行研究，すなわち日本の消費者行政におけるCSR・企業倫理に関する施策実践の必要性・可能性に関する先行研究は，管見の限り見当たらない。これは，これまで消費者庁が明示的にCSR・企業倫理に関する施策に取り組んできた実績が存在しない故である。このように先行研究が存在しないなかで，消費者行政に関する実務家，活動家，理論家，弁護士などの各種文献における言及内容を丹念に洗い出して各界論者の考察を集め分析し，そこから消費者庁を中心とした日本の消費者行政がCSR・企業倫理に関する取り組みを実施していく必要性やその方途を示すのが，本書の研究である。

3　国民生活審議会総合企画部会（2008年3月27日）「『生活安心プロジェクト』行政のあり方総点検—消費者・生活者を主役とした行政への転換に向けて—」（http://www.kantei.go.jp/jp/singi/shouhisha/dai4/04siryou1_hontai.pdf　2018年4月17日アクセス）参照。

4　消費者行政推進会議（2008年6月13日）「消費者行政推進会議取りまとめ—消費者・生活者の視点に立つ行政への転換—」（https://www.kantei.go.jp/jp/singi/shouhisha/dai8/siryou1.pdf　2018年4月17日アクセス）参照。

5　福田康夫内閣閣議決定（2008年6月27日）「消費者行政推進基本計画—消費者・生活者の視点に立つ行政への転換—」（https://www.kantei.go.jp/jp/singi/shouhisha/kakugi/080627honbun.pdf　2018年4月17日アクセス）参照。

6　政府案にあった消費者政策委員会を「消費者委員会」へ変更し，消費者庁内部の機関ではなく内閣府の機関として消費者庁と同格とすることなど。

7　一般に，消費者庁設置関連三法と呼ばれるものは，法律内では「消費者庁関連三法」と呼ばれる。三法は，「消費者庁及び消費者委員会設置法」（平成二十一年法律第四十八号）「消費者庁及び消費者委員会設置法の施行に伴う関係法律の整備に関する法律」（平成二十一年法律第四十九号）「消費者安全法」（平成二十一年法律第五十号）のこと。

8　但し，消費者行政を担当する内閣府特命担当大臣の食品安全担当兼務の義務化は鳩山由紀夫内閣以降。

9　福田康夫内閣閣議決定，前掲注５，２ページ。

10　山本憲光「消費者庁の設置と消費者事故等の情報開示制度への対応」『NBL』第926号，商事法務，2010年４月，55ページ。なお，この文献の筆者は弁護士である。

11　当時の清水信次国民生活産業・消費者団体連合会会長が対談において発言した内容。この対談において，当時の阿南久消費者庁長官は，この発言内容に同意していると推察される。阿南久・清水信次「特別対談 国民と消費者生活の未来に向けて―消費者庁と生団連は志を一つにし，消費者生活の向上を目指す―」『時評』第55巻第４号，時評社，2013年４月，84ページ参照。

12　消費者庁「消費者庁職員の行動指針」2013年９月
（https://www.caa.go.jp/about_us/about/mission/　2020年３月12日アクセス）参照。

13　より詳しい戦後日本の消費者行政の歴史やその組織・機構のあり方に関する各種議論の考証については，本書の第１章もしくは，拙稿（「消費者庁設置構想をめぐる論争の研究」駒澤大学経済学会『経済学論集』第50巻第４号，2019年２月，17－34ページ）を参照されたい。

14　ここでは，「生活者」という用語が示す概念について，代表的な各論者の見解を概観し，生活者概念とはいかなるものであるのかを考察する。なお，ここで示した各論者の意見が多様であることからも分かるように，日本で独自に誕生した生活者という概念は，未だ確定的・定説的な定義をもたないものである。したがって，本書におけるこのような考察の手続きは，必要かつ妥当なものであると考える。

15　武井昭「生活者とホモ・エコノミクス」名東孝二編著『生活者経済学の提唱』合同出版株式会社，1981年４月，80－81ページ。

16　佐々木亨『至福の経営』東洋経済新報社，1992年，17－21ページ。

17　毛利明子『生活者の経済原論』お茶の水書房，1997年，ⅰ－ⅱページ。

18　片山又一郎『現代生活者試論―類型化と展開―』白桃書房，2000年参照。

19　片山又一郎，前掲書，30－31ページ。

20　片山又一郎，前掲書，67ページ。

21　片山又一郎，前掲書，78－79ページ。

22　御船美智子『生活者の経済』放送大学教育振興会，2000年，３－４ページ参照。

23　原ひろ子「持続可能な消費と生活者とは」原ひろ子・小澤紀美子編著『持続可

能な消費と生活者』放送大学教育振興会，2003年3月，18ページ参照。

24　伊藤明子「消費者庁発足10周年―デジタル化，グローバル化を見据えた消費者行政の推進と安全・安心の確保に向けて―」『公正取引』第830号，公正取引協会，2019年12月，6ページ。

25　府省庁等とは，例えば，内閣府，経済産業省，消費者庁，といった「府省庁」に加えて，その枠組みに入らない（行政委員会である）公正取引委員会などの官庁を指して「等」と表記している。

26　但し，近年成立した「内閣の重要政策に関する総合調整等に関する機能の強化のための国家行政組織法等の一部を改正する法律」により，内閣官房や内閣府以外の省庁等にも，その分担管理事務に係る任務に関連して付与された内閣補助事務の任務について「総合調整機能」が付与できるようになっている。

27　つまり，消費者庁が行う他の官庁への総合調整機能としての対応要請には，具体的に特定の法執行を求めることを前提とする場合と，そのような前提が存在しない場合との，二つがあるということである。

28　内閣総理大臣による「措置要求」権や内閣府特命担当大臣による「勧告」権が，他の所管大臣に対して法にもとづき発せられると，それはいわゆる「閣内不一致」を公式に露呈することになる。したがって，これらの権限は行使されにくいものであるといえる。このように通常行使されえない権限を前提にした法的権限行使の仕組みは，法律・制度上の不備といえるかもしれない。

29　当時は，消費者行政担当の内閣府特命担当大臣ではなく，内閣官房消費者行政一元化準備室と消費者行政推進会議を担当する国務大臣である。但し，同氏は，当時の内閣府国民生活局（消費者庁の前身の一つ）を担当する内閣府特命担当大臣（国民生活担当）を兼任した。

30　松山健士「第2章　消費者庁および消費者委員会が設置に至るまで」原早苗・木村茂樹編著『消費者庁・消費者委員会創設に込めた想い』商事法務，2017年，75ページ参照。

31　國部克彦「責任が価値を生み出すことは可能か―CSRとCSV再考―」『Business Insight』第26巻第1号，現代経営学研究所，2018年，2ページ参照。

32　國部克彦，前掲稿，2－3ページ参照。

33　國部克彦，前掲稿，3ページ。

34　金子匡良「CSRに対する政府の関与―ヨーロッパ各国のCSR政策を素材として―」『研究紀要』第56・57号，高松大学・高松短期大学，2012年2月，221－222ページ参照。

35　金子匡良，前掲稿，222–223ページ。

36　「ビジネスリンク」（http://www.businesslink.gov.uk）と「クイーン賞」については，金子匡良，前掲稿，223ページ参照。「1999年改正年金法」については，同，224ページ，および，林孝宗「イギリスにおける会社の非財務情報に関する開示と社会的責任（１）―労働者に関する情報開示と情報開示による行為規制―」平成国際大学法政学会編『平成法政研究』第23巻第２号，2019年３月，177ページ，および，野村かすみ「イギリスにおける社会的責任投資（SRI）の実態」『労働政策研究報告書』第88号，労働政策・研修機構，2007年９月，89ページ参照。なお，「ビジネスリンク」は現存しないが当時のURLを記した。

37　矢口義教「近年のイギリスにおけるCSRの展開―政策面に注目して―」『経営学研究論集』第27号，明治大学大学院，2007年，23–43ページ参照。

38　国民生活審議会総合企画部会，前掲稿，54–55ページ。

39　国民生活審議会総合企画部会，前掲稿，56ページ。

40　2012年の第180回国会で制定された「消費者教育の推進に関する法律」（平成二十四年法律第六十一号）にもとづき設置された機関。

41　拙稿，27ページ参照。ここに掲載された各氏の主張などはその代表である。

42　川口康裕「消費者庁関連３法案の策定とその成立過程について」『名古屋大学法政論集』第270号，名古屋大学大学院法学研究科，2017年２月，８–９ページ。

43　消費者庁消費者政策課・消費者制度課・消費者教育・地方協力課・取引対策課「成年年齢引下げと消費者政策」『法律のひろば』第71巻第10号，ぎょうせい，2018年10月，15ページ。

44　生活者の権利・利益擁護のために必要な施策として，実質的にはCSR・企業倫理関連の政策となるようなものとは，例えば次のようなものが考えられるだろう。【例１】企業倫理の内部制度化の実効性担保について：各企業（事業者）の企業倫理綱領は（文面上は）非常に理想的で高尚なものとして作られている場合が多い。しかし，実態としてはそのような企業でも不祥事を起こしてしまう場合がある。一つの原因として，倫理綱領違反に対する社内処分（懲戒処分）の基準・対象が問題ではないか。例えば，いかなる職位の役員・従業員であっても例外なく処分の対象となることを実態として確実に担保する工夫や，各事案ごとに処分が厳格な基準のもと完全な第三者機関で調査・審査・決定される仕組みなどが本来は求められるが，そのような制定困難な企業内制度をいかに実現すればよいか，政府は公平な立場から各企業にガイドラインを作り示す必要がある。さらに，そのガイドラインが有効に機能するような施策を政府として実施する必要もある。この

ような政策の推進には，政府全体での総合調整の下で各官庁の協力が必要である。

【例2】マルチステークホルダー円卓会議の実効性について：政府が公平な立場から企業（事業者）と各ステークホルダーとの間の課題解決のための対話の場として「円卓会議」をもつとするならば，その会議で決まったことを企業側と各ステークホルダー側とが確実に各自の現場で実施・実践することを担保しなければ「円卓会議」の成果は失われる。したがって，各界に渡る多様なステークホルダーと各企業とを，そのような意味で監督する施策が政府全体に求められる。このような政策の推進には，政府全体での総合調整の下で各官庁の協力が必要である。

第 | 3 | 章

元・消費者庁長官へのヒアリング
実施報告とその解説・考察
——消費者行政における総合調整機能と
　生活者・消費者市民——

　著者は，本書第2章において，次の二点についてその主張を展開した[1]。

　①日本独自の「生活者」という概念（用語）は，企業と直接・間接に関わりのあるマルチステークホルダー（多様な利害関係者）全てを包摂した概念であり，同時に，そのなかでも特に（消費者市民社会の担い手であるという意味での）消費者を代表とする概念である。例えば，利害関係者の一種である投資家と消費者とを比べた場合，投資家が同時に消費者でもない場合は存在しえないが，消費者が同時に投資家でもない場合は存在する。したがって，消費者はマルチステークホルダー全体のなかでも特異な地位にあるといえるのであり，利害関係者全体を代表するところから，その別名として生活者とも呼ばれるのである。生活者とは，現在・未来に生きる全てのものに対する責任を考え，多様性や倫理性を基準としてその生活全てを行う存在であり，特に，消費生活においてその役割が重要となる存在である。

　②日本の消費者庁は，消費者・生活者のために存在する官庁として設置された。マルチステークホルダー全てを包括する概念である生活者の権利・利益を擁護するためには，当然，消費者庁単独ではなく，政府全体での取り組みが必要となる。何故ならば，マルチステークホルダーは多様であるが故に，多様な各種行政官庁と関係があるからだ。そこで，消費者庁には，行政各部の施策を統一して政府全体として施策を統一的に実施するための「総合調整機能」が法律（「消費者庁及び消費者委員会設置法」）により付与されている。しかしなが

ら，いわゆる縦割り行政の根拠となっている「分担管理事務」の原則もまた行政府には存在し，総合調整の実施は容易ではないと考えられる。事実，消費者庁の主任の大臣である内閣総理大臣の他の大臣に対する消費者行政に関しての「措置要求」権（「消費者安全法」の規定）や，消費者庁を実質的に所管する内閣府特命担当大臣（消費者及び食品安全担当）の他の大臣に対する消費者行政に関しての「勧告」権（「内閣府設置法」の規定）は，いわゆる「抜かずの宝刀」状態で，行使されないままである。このような難しい現実を超えて，総合調整が実施されなければ，生活者の権利・利益の擁護は実現されない。消費者行政に関する総合調整は，消費者庁の職員と，関係する他の官庁の職員との間で行われる「事務レベル協議」において主に実現される[2]のであり，例えば，そのような協議を実施しうる機関として代表的なものには，政府横断的な「関係省庁局長連絡会議」や「関係省庁連絡会議」などに類するものが存在する。消費者行政に関するこれらの「事務レベル協議」の場を積極的に活用してこそ，政府全体として，生活者の権利・利益の擁護の実現のための施策が実施できるはずである。なお，政府全体として各種利害関係者と企業との間を取り持ち，調整することで，社会的課題事項の解決を図る取り組みは，英国政府の2000年代を中心とするCSR（企業の社会的責任）行政において先行事例があり，その英国のCSR行政との共通性からみて，日本におけるこのような取り組みもまた，CSR・企業倫理に関する行政といえる。

　これら①②についての詳細は，本書第2章にて展開されているのでここでは繰り返さない。本章では，その第2章で表された理論的な内容（つまり①②）の，実証あるいは補強となるような議論を展開する。著者は日本の消費者行政の（いわゆる「事務方」の）最高責任者を経験した歴代の消費者庁長官[3]のうち，二名に①②に関連する質問内容のヒアリングを実施した。本章ではその詳細を公開するとともに，ヒアリングの回答内容を考察することで，①②のような本書の主張の是非を確かめるとともに，その主張の補強となる新たなる知見を示すものである。

　なお，本書でいう「ヒアリング」とは，調査対象者に質問事項を提示し，そ

れに対して回答を得るという調査形式のことを指す。但し，ヒアリング実施当時の新型コロナウイルスの流行による感染拡大防止措置の必要性から，今回は対面でのインタビュー形式ではなく，書面によるヒアリングを実施した。

　著者は，令和 4（2022）年 2 月 2 日に，電子メールの書面でヒアリングを開始した（協力依頼と質問事項の送付）。その後，第三代消費者庁長官である阿南久氏からは，同年 2 月 6 日付で回答を得た。第二代消費者庁長官である福嶋浩彦氏からは，同年 3 月 3 日付で回答を得た。そこで，本書では回答の到着順番に則り，その回答内容を紹介する。なお，両氏ともに，実名による回答内容の公開に同意している。

第1節　ヒアリング対象者について

　まず，ヒアリング対象者について，それぞれの主な経歴を簡単ではあるが紹介する。

第1項　阿南久・元（第三代）消費者庁長官

　1972年東京教育大学体育学部卒業。1991年生活協同組合コープとうきょう理事，1999年東京都生活協同組合連合会理事，2001年日本生活協同組合連合会理事，2003年全国労働者共済生活協同組合連合会理事，2007年全国消費者団体連絡会事務局，2008年全国消費者団体連絡会事務局長を経て[4]，2012年8月から2014年8月まで第三代消費者庁長官（女性初）。

　2014年一般社団法人消費者市民社会をつくる会代表理事，2015年国民生活産業・消費者団体連合会副会長，2016年公益財団法人横浜市消費者協会理事長，2017年NPO法人消費者スマイル基金理事長[5]。雪印メグミルク株式会社社外取締役・企業倫理委員会委員長も務めた。

阿南久　第三代消費者庁長官（＊写真は本人提供）

第2項　福嶋浩彦・元（第二代）消費者庁長官

　1983年我孫子市議会議員初当選。1995年我孫子市長。2007年までの3期12年の間に，全国青年市長会会長，福祉自治体ユニット代表幹事などを歴任。市長退任後，東京財団上席研究員，新しい公共をつくる市民キャビネット共同代表，行政刷新会議（事業仕分け民間評価者「仕分け人」）などを歴任[6]。2010年8月から2012年8月まで第二代消費者庁長官。

　現在は中央学院大学社会システム研究所教授などを務める。

福嶋浩彦　第二代消費者庁長官[7]

第2節　元・消費者庁長官への質問事項について

　次に，ヒアリングの質問事項（質問内容）について紹介する。なお，【質問事項9】については，その内容が福嶋氏には関係がないので，同氏への質問事項からは排除してヒアリングを実施した。また，各質問事項の文中においては，ヒアリング対象者に協力への感謝と敬意を表し，対象者をそれぞれ「先生」と呼称していることに留意されたい。

第1項　質問事項全文

　以下，質問事項の全文を掲載する。

【質問事項1】

> 　消費者行政に関する，行政各部の施策を統一するための「総合調整機能」は，消費者庁設置当初は，内閣府設置法にのみ規定されたことで，内閣府特命担当大臣（消費者及び食品安全担当）と，内閣府にだけ「総合調整機能」が存在しました。当時の「消費者庁及び消費者委員会設置法」には「総合調整機能」の規定が存在しなかったので，内閣府の外局とはいえ，消費者庁自身には（建前上）「総合調整機能」が存在しませんでした。そのような状態で，消費者庁は政府全体の消費者行政の司令塔を担うことになった訳です。
>
> 　このような設置当初の消費者庁の問題について，先生は消費者庁長官として，当時どのようなお考えや問題意識をお持ちでしたでしょうか。お聞かせ下さい。

【質問事項2】

> 　前の【質問事項1】に関連して，特にお聞きしたい事があります。先生が長官在任時に，当時の実態として，消費者庁長官を始めとした消費者庁の職員は，いかにして（消費者庁が所管・共管していない消費者関連の法令やそれに基づく施策について），他の所管省庁に対して，消費者行政に関する「対応要請」（＝総合調整）をしていたのでしょうか。
>
> 　例えば，大臣や副大臣や政務官の信任・許可，あるいは同席のもとで，消費者庁職員はそのような他の官庁に対応要請等の「事務レベル協議」を実施していたのでしょうか。あるいは，消費者安全情報総括官会議や，消費者政策担当課長会議などを通じて，そのような「対応要請」をしていたのでしょうか。この点についてご教

示頂きたく存じます。

【質問事項3】

　内閣府特命担当大臣（消費者及び食品安全担当）には，消費者行政について，他の行政機関の長（大臣）に対して，「勧告」する権限が存在します（内閣府設置法の規定）。また，内閣総理大臣には，消費者行政について，他の行政機関の長（大臣）に対して，「処置要求」する権限が存在します（消費者安全法の規定）。

　しかし，これらの権限は，未だ使われたことのない「抜かずの宝刀」状態だといわれています。その理由として，私は，「勧告」や「措置要求」の実施は，内外に対して「閣内不一致」を露呈することになるからではないかと考えております。ということは，閣内不一致を露呈する故に使えない制度上の権限を，消費者行政の「切り札」として規定している現在の消費者行政の制度（消費者庁の司令塔機能を確保するための仕組み）は，欠陥を抱えているといえるのではないでしょうか。この点について，いかがお考えでしょうか。お聞かせ下さい。

【質問事項4】

　消費者庁発足当初に，食用油「健康エコナ」の含有成分「グリシドール脂肪酸エステル」の「発がん性リスク」の問題がありました。当時の消費者担当の大臣以下政務三役は，この問題に早急に対処できなければ「消費者庁を作った意味がない」として，食品安全委員会による（時間がかかる）科学的な評価の結論を待たずに，「食品SOS対応プロジェクト」を組織し，同製品のトクホの取り消しに向けた動き等をみせました。その間，消費者委員会にも「食品SOS対応プロジェクト」から説明があり，松本委員長からは「実質的な判断としては，少なくとも健康増進法上の健康にいいという表示は取り消すべきである。あるいは少なくとも一時的にペンディングすべきであるという点では皆さんほぼ一致していると思う」という談話が出たと報道もされました。そして，最終的には製造企業側が自主的に特定保健用食品の許可の失効届を提出するという結果になりました。

　本件は，結局発がん性リスクの問題の真偽の結論は明確に出ないまま今日までうやむやになりましたが，しかし，消費者行政における司令塔として，消費者庁が（消費者委員会の後押しもあって）「司令塔機能を発揮」した事例であると思います。また，食品安全委員会や農水省が本件について消費者庁に「待った」をかけるのを許さず，果断に決断できたことは，消費者担当大臣が有する，行政各部に対する施策の総合調整機能を，ある意味ではリーダーシップとして発揮できたといえる側面もあると思います。

　この「エコナ」の問題と，当時の消費者庁の対応については，いかがお考えで

しょうか。先生の長官在任時に，（司令塔機能の発揮＝総合調整機能の発揮の）先例として，消費者庁の「力」になりましたでしょうか。お聞かせ下さい。

【質問事項5】

　消費者安全法や消費者契約法で，消費者とは「事業者ではない場合における全ての個人」と解される内容で定義され，「狭い意味での，単なる商品・サービスの購入・利用者」ではなく，市民全体であるかの様に規定されています。そして，消費者庁が作られたときの，消費者行政推進会議の「第8回会合」での「取りまとめ」や，福田内閣の閣議決定「消費者行政推進基本計画」では，消費者と並んで「生活者」という用語が使用されています。消費者法における消費者の広い定義の意味も含めて考えると，私は，生活者とは，消費者を中心・代表としたマルチステークホルダー全体（事業者と利害関係がある全ての社会的主体）を表した用語だと考えます（なぜ消費者が中心・代表となるかというと，最も広範な社会的主体・市民の利益を代表するのは，当然，例えば投資家などではなく消費者だからです。何故なら，投資家ではない消費者はいますが，消費者ではない投資家はいません）。この生活者という用語については，どのようなものだと理解されているでしょうか，お聞かせ下さい。

【質問事項6】

　消費者庁が実現を目指すべき「消費者市民社会」とは，先述の福田内閣の閣議決定の文書の脚注のなかで，消費者や生活者が中心となった社会として，定義されています。消費者や生活者の権利・利益を擁護していくためには，狭い意味での消費者行政だけでは不十分だと考えられます。つまり，生活者＝マルチステークホルダーは，マルチである故に，多様な官庁の所管事項と関わりを持つと考えられるからです。したがって，生活者の権利・利益を擁護するためには，ときには消費者庁が自らの所管する法令の範囲を超えて，消費者・生活者の立場から，各官庁に働きかける必要もあります。その為にも，消費者庁の「総合調整機能」の「実質化」が問われると思われます。

　以上の様な私の見解について，いかが思われるでしょうか。ご意見をお聞かせください。

【質問事項7】

　「消費者庁の徳島移転問題」は，結局，徳島には「消費者庁・新未来創造戦略本部」を置くことで決着し，本庁自体の移転はなくなったように報道されています。

　公的な規制当局である消費者庁が，東京から非常に遠い地方に移転してしまうことは，公益の観点からの事業者への規制を担うべき消費者庁の弱体化を意味するともとれます。そのような「悪いメッセージ」を，政府として，財界すなわち企業・事業者側に発してしまう事態になったかもしれない「消費者庁の徳島移転問題」ですが，先生はこの問題について，元長官としてのご経験からいかにお考えでしょうか。お聞かせ下さい。

【質問事項8】

　消費者庁が，消費者・生活者の権利・利益を擁護するために，政府全体の消費者行政の司令塔になる，というのが，消費者庁設置時の理念でした。そのためにも，総合調整機能が必要とされ，設置後数年経ってからですが，最終的には消費者庁本体にも総合調整機能が付与されました。

　この消費者行政に関する政府全体の施策を統一するための総合調整機能は，考えてみると，消費者委員会にも寄与できるものであると思われます。例えば，消費者庁が対応要請をしても，対応してくれない他の所管官庁に対して，消費者庁に代わり消費者委員会が独自に「調査審議」した上で，関係大臣や消費者庁長官に建議をしたり，内閣総理大臣に勧告したりする，ということです。つまり，消費者委員会は，消費者行政の監視役のみならず，（政府内の不当な部分を調整して是正するという意味において）ある意味では総合調整機能を担っている側面もあるのではないかと考えます。このような私の意見について，先生のご意見・ご感想などございましたらお聞かせ下さい。

【質問事項9】 ＊本質問事項は，阿南氏のみを対象にした。

　阿南先生が長官在任時に，「消費者庁の使命」「消費者庁職員の行動指針」が作成・制定されたように記憶しております。これを制定した背景には，いかなるものがあったのでしょうか。お聞かせください。

　また，企業における「倫理綱領」や「行動憲章」のように，この「消費者庁職員の行動指針」は，指針に違反した場合には，懲戒処分の対象となるようなものなのでしょうか。あるいは，そういう「かしこまった」ものではなく，あくまでもいわゆる「スローガン」の様なものなのでしょうか。ご教示下さい。

第2項　質問事項の解説

　次に，各質問事項について，その趣旨を説明する。

　【質問事項1】では，設置当初の消費者庁に総合調整機能が存在しない問題について質問した。つまり，設置を提唱した福田康夫内閣により，消費者庁は消費者行政の司令塔として政府全体を指揮する官庁として位置付けられたものの，当初はその「指揮」に必要な総合調整機能が消費者庁自体には付与されなかったのである（後に，民主党政権崩壊後の新政権において法改正により付与された）。明確な法的根拠がないなかで，消費者庁がいかにその「司令塔機能」を担っていたのかが，各種の公開文献からは不明であったので質問した。なお，消費者庁は内閣府の外局だが，本府である内閣府には当初より消費者行政に関する総合調整機能が付与されていた。

　【質問事項2】では，他の所管省庁に対して消費者行政に関する対応要請（総合調整）を行う際の実態について質問した。総合調整は「事務レベル協議」を通じて成されるものと考えられるが，そのような協議を行う場には具体的にどのようなものがあるのかが，各種の公開文献からは不明であったので質問した。なお，一般に知られている，消費者庁が主催ないしは関与する他官庁との協議の場には，先述の「関係省庁（局長）連絡会議」や，「消費者安全情報総括官会議[8]」や，官庁横断的に担当者が出席する「消費者政策担当課長会議」などがあるが，それ以外にいかなる協議の場があるのかを問うものである。

　【質問事項3】では，消費者行政に関する行政府内の総合調整の「切り札」として考えられている，内閣総理大臣の「措置要求」権と，内閣府特命担当大臣（消費者及び食品安全担当）の「勧告」権とが，現実的には閣内不一致を露呈する故に使用することができない事実を考えると，これはそもそも消費者行政における司令塔機能の制度設計自体の不備であるといえるかどうかを質問したものである。【質問事項1】で言及した，設置当初に消費者庁自体には総合調整機能が付与されなかった点も同様であるが，法的・制度的な不備が消費者庁を中心とした消費者行政にあるのではないかを問うものである。

　【質問事項4】では，いわゆる事務方ではなく，政務（政務三役：消費者行政担当の大臣・副大臣・大臣政務官）が主導して，迅速に消費者問題に手を打った事例として，「エコナ」問題の対応例を挙げている。「事務レベル協議」

の実態が不明瞭な（消費者庁自体には総合調整機能が存在しない）当時の状態のなかで，政務がその補完的役割を担えたと評価すべき事例かどうかを問うものである。

【質問事項5】では，著者が第2章「消費者庁とCSR・企業倫理」において主張した二点のうちの①について質問した。先述したような，著者の規定する生活者の概念が，消費者・生活者の権利・利益を擁護する消費者庁の長官経験者として妥当であると考えるかどうかを問うことで，著者の規定する生活者概念の妥当性を測るものである。

【質問事項6】では，生活者の権利・利益の擁護の実現を図るために，消費者庁が，単独で所管あるいは共管（他の官庁と共同で所管）する法令の範囲内に留まらずに，積極的に他の官庁に必要に応じて適宜事務レベル協議を通じた対応要請していくことが必要であるかどうかを質問した。

【質問事項7】では，「消費者庁の徳島移転問題」について質問した。本庁の地方への移転は，所在地の変更以上の意味合いがあるかどうかを問うものである。

【質問事項8】では，政府全体の消費者行政の監視役である内閣府消費者委員会が有する，内閣総理大臣や他の国務大臣へ勧告や建議などを発出する権限が，消費者庁の司令塔機能を補完するものであるかどうかを質問した。

【質問事項9】は，阿南氏のみに質問した。消費者庁に掲げられている「消費者庁の使命」および「消費者庁職員の行動指針」は，民間企業が制定する内部規範である企業倫理綱領や企業行動憲章などと類似性があるものかどうかを問うものである。

第3節　質問事項に対する回答全文

　以下，阿南・福嶋両氏の回答全文を紹介する（但し，回答者からの要請により，一部非公開のものもある）。なお，誤植と思われる箇所も，そのまま修正せずに回答を掲載していることに留意されたい。

第1項　阿南元長官の回答

　阿南氏からは，次のようなヒアリングに対する回答を得た。なお，回答の全文ではなく，同氏より許可を得た一部の回答文のみ掲載している。但し，掲載している部分については，全文をそのまま編集することなく掲載していることに留意されたい。

【質問事項1】への回答

> ➡「司令塔機能」に対する期待は大きかったですが，それが具体的にどのような形をとるのかについては全く考えませんでしたし，したがって特命担当大臣と内閣府にだけ権限があったことにも何も感じませんでした。

【質問事項2】への回答

> ➡消費者庁は，私が長官になってから（2012年8月）ようやく動き始めたように思います。「消費者安全調査委員会」や「消費者教育推進会議」の設置も行いました。移管された特定商取引法をはじめ法律改正も行いましたし，「消費者裁判手続特例法」の制定，そして「食品表示法」制定も行いましたが，そのどれについても，国土交通省や厚生労働省，農林水産省，文部科学省，経済産業省等が協力してくれました。経済産業省の商務流通グループとは定期的な事務レベル会合も持っていました。「消費者安全情報統括官会議」と並行して，私も参加できる会合（食品安全委員会や，農水省・厚労省の消費者政策関連部局との事務レベルでの会合）も定期開催でした。消費者庁サイドがそれらの各省からの出向者で編成されていたことも良かったと思っています。
> 　大臣・副大臣・政務官のかかわりについては事務側からの報告レベルでした。私の時の前までは特にでしたが，大臣・副大臣・政務官が頻繁に替わり十分な役割発揮を求めるのは難しい状況が続いていたように思います。
> 　しかし，「ホテルメニュー偽装問題」が起こった時には，関係省庁の大臣が集まってくれて官邸で「調整会議」が持たれ，政府全体の取組みになり大変助かりました。週一回の事務次官会合には私も参加していましたが，情報共有の良い場だったと思います。

【質問事項3】への回答

> ➡「閣内不一致」は少し違うように思います。実際には，案件が大臣にまで行く前に，事務方でかなりの調整が行われています。また，消費者庁の誕生には，当時の

自民党の貢献が大きかったですし，与野党一致がほとんどです。

　ただ，すべての加工食品に原料・原産地表示を義務付けるといったことは，当時の農水省とその政務三役の意向を当時の消費者担当大臣が認めた結果，消費者や事業者にとってマイナスの施策となったように思います。確か前政権の民主党のマニュフェストにも掲げられていたと記憶していますが・・・。さらに「徳島移転」は，多くの反対があったにも関わらず当時の消費者担当大臣が決め，やむなく消費者庁は実験的取組を行なわざるを得なくなりました。

　これらは，閣内不一致ではなく，調整する事務方が説得しきれなかったことに問題があると思います。

　もし，私が長官を続けていたら，みずから大臣を説得したと思います。それは，消費者・生活者や事業者の意見を聞いてあるべき施策を考えるという基本の姿勢を崩さないという意思の問題です。もしかしたら，消費者庁長官の権限を政治に左右されないように強化すべきなのかもしれません。あるいは，もう一度，消費者委員会のあり方を考える必要があるのかもしれません。

【質問事項4】への回答

> ➡️「花王」が，当時世界的にも科学的検証が不十分であるという判断で，トクホの申請を撤回したわけですが，申請が出ない以上食品安全委員会も評価のしようがありませんでした。
>
> 　乳児用の粉ミルクにも若干含まれていますが，確かドイツのリスク評価機関から，レベル的に心配するほどでなく，むしろミルクを飲ませない方が乳児の健康上好ましくないという見解が出されていたと思います。
>
> 　当時私は全国消費者団体連絡会でこの問題に取り組んで，「花王」を呼んで学習会をしたりさまざまな情報を集めたりしていましたが，消費者団体を一律にとらえたマスコミ等から随分と批判されました。
>
> 　やはり，総合調整機能という以上，単独の決めつけはいけないように思います。

【質問事項5】への回答

> ➡️山下さんと全く同じ意見です。モノやサービスの利用者としての消費者ということでなく，積極的に社会づくりの主役となる「生活者」という意味が込められています。
>
> 　消費者・生活者として，普段の購買行動を通じてよりよい社会をつくっていくわけですし，企業やその他さまざまな生活産業にも関わり，公務員にもなり，消費者・生活の利益のために働くわけです。
>
> 　企業や産業はこうした消費者・生活者の購買や利用という選択行動を通じた，い

わば「投資」によって成長するのだと思います。

【質問事項6】への回答

➡閣議決定された推進計画には，「行政改革の拠点」にするとあり，まさに山下さんがおっしゃる通りです。それに，『消費者基本法』でうたわれている「消費者の権利」は，憲法の基本的人権の精神と一緒です。

だからこそ，おっしゃるとおりすべての官庁と関わります。もともと国民（消費者・生活者）の権利を守るために官庁が編成されているはずですから，行政を監視し，必要な調整をする司令塔機能が必要であるのは当然のことと思います。

消費者庁と消費者委員会の将来的な改革を視野に入れながら，今できることもあるはずですから，消費者庁が国民生活全般に視野を広げ，現実の国民生活を見極め，果敢に問題提起していくことを期待したいと思っています。

【質問事項7】への回答

➡公正取引委員会は全国のいくつかのブロックに支部（地方事務所）を配置していますから，まずはそことの連携を優先すべきだと思います。

【質問事項8】への回答

➡はい，その通りです。しかし，現在の消費者委員会の体制では，とても難しいです。先にも書きましたが，各地に国民生活の現状と行政の"監視"を担う委員会を設置し，その監視結果を持ち寄り消費者庁と協議し「勧告」や「提言」につなげていく必要があります。

【質問事項9】への回答

➡私が消費者庁長官に就任した時，庁内は寄り合い所帯そのままの縦割り状態でした。職員は，隣の課が，隣の人が，何をやっているかも知らず，ひたすら与えられた仕事をこなすだけでしたから，疲れて病気になる人や欠勤する人も出ました。崩壊しかかった状態だったといっても過言ではありません。

私の仕事は，全職員に消費者庁創設の理念を共有してもらうことと，理念実現のために，"消費者・生活者目線"に立って仕事することを教えることでした。

全職員に，消費者センターの相談受付や企業のお客様窓口に行って消費者・生活者の声を学ぶ「消費者目線研修」に参加してもらうと同時に，各課の課長補佐クラスの職員に集まってもらって「チーム阿南」を結成しました。「チーム阿南」では，お役所文化の問題点を洗い出し，新たな文化を創造すべく議論を重ねました

が，その最終の成果物が「消費者庁の使命と行動指針」の策定でした。

　違反したら懲戒処分になることはありませんが，「スローガン」のようなものとは少し違います。消費者庁に来た職員の心のよりどころであり，励ましあいや助けあい，喜びあいを促すものであり，そして何よりもこれを公開することで，国民の消費者庁を見る目の基準になります。

　もし，消費者庁の職員がこの基準に反していれば，国民から批判を受けることになりますし，基準に沿って国民のために優しく力強く仕事をすれば，国民から褒められることになります。

第2項　福嶋元長官の回答

　福嶋氏からは，次のようなヒアリングに対する回答を得た。なお，一部を切り取ることなく，回答の全文をそのまま掲載していることに留意されたい。また，福嶋氏の希望により，各質問事項に対して個別に対応して回答するのではなく，質問事項全体を踏まえた上でまとめて回答する形式がとられている。

福嶋浩彦・元（第二代）消費者庁長官の回答

1．私の長官就任は消費者庁発足のわずか1年後であり，法で決まったばかりの権限や組織の根幹を変更することは課題となりませんでした。私が注力した一つは，具体的な関連法の改正や組織整備（「消費者事故調」など）へ向けた法案づくりです。

　そしてもう一つは，司令塔になり得る実際の力をつけることです。消費者庁は，厚労，農水，国交などの巨大省庁と対等に向き合い，動かさねばなりません。巨大企業へもです。小さな消費者庁がこうした力を持てるのは，全国の自治体の消費者行政としっかり結びついたときです。巨大省庁が何と言おうと，全国の消費者にこんな被害が出ている，と突きつけることができます。ですから，自治体との連携を最重視しました。

　ただし，困難もありました。全国の自治体行政の消費者相談を束ねているのは，消費者庁ではなく独立行政法人国民生活センターなのです。消費者庁は国民生活センターというワンクッションをおいて，自治体行政の消費者相談と接することになります。

　国民生活センターは消費者庁設立の議論の中で手をつけられなかったものです。そこで，独法といっても全て税金で運営されている国民生活センターを消費者庁に取り込み，連携強化する改革案を，大変な議論を経てまとめました。しか

し，その後の政権交代でお蔵入りとなりました。

　もし，組織論を自由に考えて良いのなら，そもそも消費者庁，内閣府消費者委員会，国民生活センターが分立していることが間違いです。大きな相手を動かすには，消費者行政が一つにまとまらねばなりません。消費者行政の狭い枠の中で，相互牽制や権限のやり取りをしていても仕方ありません。

　ところで，私の長官任期の後半は，3・11の原発事故の中，放射能汚染から食の安全を守るのが大きな仕事でした。その中心的取組みの一つは，消費者庁が全国の自治体へ食品放射能を測定する機器を貸し出し，自治体が消費者によって持ち込まれた食品を測定するというものでした。

　当時，自治体だけでは機器の確保が困難でしたし，消費者庁だけでは全国の消費現場で食品を測定することは不可能でした。両者の連携で可能になった事業です。また，自治体と一緒にリスクコミュニケーションを進めました。

　これらは，大震災という特別な状況の下での事例ですが，消費者庁の活動の基本方向を示すものだと考えます。

2．徳島への全面移転には賛成できません。前述したように大きな相手とやり合うには，体当たりで行動することも必要になります。

　例えば以下のようなことがありました。ある航空会社へ，機内表示の変更を緊急要請していたのですが，相手の担当者はのらりくらりで埒が明かず，夜になると連絡さえ取れなくなりました。そこで，長官が社長に直談判するしかないと判断しました。アポは取れないのですが，私が本社に直接行って，社長がいないなら，朝まででも社長が来るまで，本社ビル玄関前に座り込むことにしました。そうなると報道機関も一斉に大きなニュースとして流すでしょうから，航空会社も知らん顔できないはずです。

　実際には私が本社へ向かって消費者庁を出発しようとしていた時，航空会社から連絡が入り（国交省ルート？），社長が直ちに消費者庁に来ることになりました。そして消費者庁の要請を全面的に受け入れてくれました。

　徳島へ全面移転したら，こうしたことは出来なくなります。

　ただし消費者庁は，地域の現場で消費者と向き合っている自治体から様々なことを学ぶ必要があります。それに役立つのであれば，徳島にサテライトを置く意義はあるでしょう。

3．生活者とは，地域で暮らす全ての人です。消費者は生活者の一つの側面であり，やはり全ての人が消費者です。生活者のどの側面が一番重要であるかは，生活者一人一人によってみな異なると考えます。

　消費者市民とは，消費者事故にあわないよう行政等から保護されるだけではな

> く，自ら情報を集め，自ら判断し，自立して行動する消費者であると思います。多くの消費者にとって，そうした行動をとることが可能になる環境が整えられ，消費者市民が主導する社会が消費者市民社会だと捉えています。

第4節　回答に対する解説・考察

第1項　阿南元長官の回答に対する解説・考察

【質問事項1】への回答に対する解説・考察

　これは，阿南・福嶋両氏以外に著者が調査して得た情報にも基づく考察であるが，設置当初の消費者庁および消費者委員会には，既述のように法的・制度的不備を抱えていた側面があったが，それは今後の課題，あるいは「小さく生んで大きく育てる」過程で修正されるだろうという楽観論があったようである。国会を衆参両院共に全会一致で関連三法が通過した故に，その直後に民主党への政権交代が発生しても，そのような修正は行われるだろうと考えられていた。しかし，実際には，消費者行政はその後の政権において長く重要課題とはされず，修正が行われない状態が続いたのである。したがって，消費者庁草創期の長官がその問題に対して関与する余地はなかったように考えられる。

【質問事項2】への回答に対する解説・考察

　まず，他の官庁が当時の消費者庁に協力的であったという実態が明らかにされた。それは，当時の消費者庁が，他の官庁からの出向者で編成された官庁であった[9]故に，それら出向者の出身官庁と消費者庁との間の連絡・調整が容易であったということであった。一般に，出向者ばかりが多い官庁（組織）というのは問題があると考えられているだろう。しかし，出向者の利点を生かすということは，総合調整機能の発揮において有利であるということが明らかとなった。

　既述した「消費者安全情報総括官会議」など以外にも，「経済産業省の商務流通グループとの定期的な事務レベル会合」，「食品安全委員会との事務レベ

会合」,「農林水産省の消費者政策関連部局との事務レベル会合」,「厚生労働省の消費者政策関連部局との事務レベル会合」などの存在が明らかになった。他の官庁との事務レベル協議の機会が,消費者庁には多様に確保されており,それが消費者行政の司令塔としての総合調整機能の発揮に有利に働いていると考えられる。特に,「週一回の事務次官会合」である「次官連絡会議」(旧・事務次官等会議の後継に相当する機関。内閣の基本方針を徹底し,各府省間で情報共有するための事務次官レベルの会議であり,消費者庁長官も出席者)への出席は,他の官庁に対応要請をする最高レベルの事務レベル協議の場であるといえるだろう。

　消費者政策担当の大臣を含めた政務三役は,直接的に常時消費者行政を指揮するというよりも,長官以下のいわゆる事務方から報告を受け,必要に応じて政務レベルで事務方を助けるという実態のようである。これは,消費者政策を担当する政務三役が,消費者政策以外にも多様な内閣府の所管事項を兼任で担当しており,消費者政策にのみ集中することが出来ない故だろうと考えられる。

　【質問事項3】への回答に対する解説・考察

　例えば,内閣府特命担当大臣による他の大臣への勧告権の行使が,即「閣内不一致」を意味する訳ではないとする。そもそもそのような権限行使などの行政手続きが行われる際には,事前に多様な官庁が横断的に調整を実施しており,その結果としての手続きの履行であるので,閣内不一致という事態にはあたらないという阿南氏の意見である。確かにそのような側面は重要な事実として捉える必要があるだろう。しかしながら,消費者庁の長官以下職員が,他の官庁あるいは政務三役などとの調整が難しい場合にはどのように対処すべきなのか。阿南氏は,説得が重要であると考えているようである。長官自らが動いて,説得して事態を動かすという事例は,後述する福嶋氏のケースにおいても登場するものであり,注目せねばならない。この問題は,長官の属人的な能力およびその地位に付随する権威による事態の打開を志向するのか,あるいは,制度的な仕組みによる事態の打開を志向するのか,という論点を提示しているといえよう。

【質問事項４】への回答に対する解説・考察

　阿南氏は，「エコナ」問題に対する，当時の消費者行政担当の大臣を含む政務三役の対応は，事務レベルで調整がつかない問題について，補完的役割を担えたと評価できる事例ではないと考えているようである。事務方トップの長官としては，他の官庁との調整を度外視した対応には賛意を示せないのは当然であろう。

【質問事項５】への回答に対する解説・考察

　先述したような，著者の規定する生活者の概念が妥当であると考える，という回答であった。

【質問事項６】への回答に対する解説・考察

　生活者の権利・利益の擁護のためには，消費者庁が所管・共管する法令の範囲内に留まらずに，積極的に他の官庁に必要に応じて適宜事務レベル協議を通じて対応要請していくことが必要である，という著者の考えは，妥当であるとの回答であった。

【質問事項７】への回答に対する解説・考察

　公正取引員会は，消費者庁が所管する「景品表示法」に関する相談や同法違反に関する情報提供を，公正取引委員会事務総局（関東の本庁）と，全国にある公正取引委員会事務総局の各地方事務所・支所（北海道事務所・東北事務所・中部事務所・近畿中国四国事務所・近畿中国四国事務所中国支所・近畿中国四国事務所四国支所・九州事務所）で受け付けている[10]。他の官庁と協働して法令を執行する場合も多いので，消費者庁は各所に支部をもつよりもそれらの官庁との連携を重視すべきであるとの回答であった。消費者庁は予算も人員も非常に限られており，現実をよく踏まえた回答であるといえる。

【質問事項８】への回答に対する解説・考察

　消費者庁と同格で独立した機関である内閣府消費者委員会のもつ勧告や建議などの権限は，消費者庁の司令塔機能を補完するものでもあると考えられるとの回答であった。しかしながら，消費者委員会の予算や人員が極めて限られていることは一般によく知られており，それらの充実と監視機能の充実とを提起

した回答であった。

【質問事項9】への回答に対する解説・考察

　草創期の消費者庁は，現在以上に予算や人員が不足しており，職員にとって過酷な労働環境であった。それ故に，創設時の理念を踏まえたより積極的な対応をする余裕がなかったが，しかし，「消費者庁の使命」「消費者庁職員の行動指針」の策定により，創設時の理念に立ち返る職員教育が進んだとの回答であった。また，「消費者庁の使命」「消費者庁職員の行動指針」は，企業における倫理綱領・行動憲章とは若干異なるものであり，内部統制のための規範というよりも，職員相互間の業務に対する理解を促進するためのものであり，また，国民からの評価の基準となるものであるとの回答であった。

第2項　福嶋元長官の回答に対する解説・考察

　福嶋氏の回答の論点は，主に以下のA，B，Cに分けられる。

A．政府全体の消費者行政についての，消費者庁の司令塔としての機能を実質化することが，草創期の長官としての課題であった。他の巨大官庁や，規制対象となる大企業に対して積極的に関与していくためには，消費者行政を担う主要機関（消費者庁・内閣府消費者委員会・独立行政法人国民生活センター）が一体となって取り組む必要があり，そのためのあるべき組織論として，消費者庁に国民生活センターを取り込むことを意図したが，政権交代で実現しなかった。しかし，消費者庁と，消費生活相談の最前線である自治体（地方公共団体）との連携を強化し，東日本大震災後の放射能問題に関するリスクコミュニケーションの啓発活動などで重要な成果を挙げた。

B．消費者庁の地方移転には反対である。本庁が東京にあってこそ，実現可能なことがあり，その一例として，航空会社への実際の対応事例を挙げた。

C．著者の規定する生活者の概念については，概ね妥当であると考えられる回答内容であった。

　以下，それぞれ考察を加えていく。

　Aについては，消費者庁のあるべき組織論について重要な論点の一つを提示しているといえる。しかしながら，設置して間もない当時の状況では，消費者団体などからの反対もあり，国民生活センターと消費者庁との一体化の実現には，当初から難しい部分もあったといわれている。また，一官庁である消費者庁が，政権交代などの政治の動きに翻弄される実態も明らかとなったといえるだろう。しかしながら，福嶋長官が推進した放射能に関するリスクコミュニケーション施策は，食品安全問題に限らずに，広く国民が放射能への正しい知識を得ることができた重要な機会となった。単に狭い意味での消費者問題だけを扱えばよいという訳ではない消費者庁の，その本分・理念を実行できた貴重な施策の一つといえるだろう。

　Bについては，外部からは知りえない貴重な対応事例の紹介であった。規制緩和による新規参入航空会社として草分け的な存在である某社が，極めて不適切な機内表示を実施し，消費者行政・消費者問題の見地から当時非常に問題となっていた事例である。その某社は，消費者庁からの当該機内表示撤回の緊急要請にも応ぜず，消費者行政の「実力」が問われる局面に消費者庁は立たされた訳であるが，しかし，福嶋長官が自ら本社に乗り込んで座り込む覚悟を示すことで，一転して某社は緊急要請を受諾することとなった。この事例は，消費者庁の権限が及ばない，あるいは権限の効果がない場合にも，（多分に属人的な要素もあるとはいえ）長官の決断と行動力一つで，消費者問題を解決に向かわせることができることを示している。消費者庁の総合調整機能も，各種の所管・共管の法令に由来する直接的な執行権限も，その目的としては，具体的な消費者問題の解決を志向するものであり，その意味において，総合調整機能も権限も及ばない場合においても，具体的に消費者問題を解説する方途が消費者庁（長官）にはあるといえるのである。

　Cについては，まず，「生活者とは，地域で暮らす全ての人です。消費者は生活者の一つの側面であり，やはり全ての人が消費者です」と述べていることから，生活者が全てのステークホルダーを指すこと，そして，なかでも消費者の特別性（全ての人が消費者であるという点。他のステークホルダーは必ずし

もそういえる訳ではない）を認めていることが分かる。また，「消費者市民が主導する社会が消費者市民社会だと捉えています」と述べていることから，自ら考え配慮して行動する生活者を想定しているといえる。したがって，福嶋氏の考える生活者の概念は，著者の主張するものと類似性が高いといえるだろう。

第5節　小　括

本章冒頭に示した①②の二つの論点について，元消費者庁長官二名からのヒアリングにより，それぞれ次のような確認が得られた。

①については，「生活者」という概念（用語）は，企業と直接・間接に関わりのあるマルチステークホルダー（多様な利害関係者）全てを包摂した概念であり，同時に，そのなかでも特に（消費者市民社会の担い手であるという意味での）消費者を代表とする概念である，という著者の従来からの主張は，その生活者の権利・利益を擁護する官庁の事務方の最高責任者であった二名より，それぞれほぼ賛意が得られたといえる。つまり，著者の規定する生活者の概念は，消費者行政上において，正しい理解であると考えることができるということである。それは，別の見方をすれば，そのような生活者の権利・利益の擁護を目指して設置された消費者庁に対しては，狭い意味での単なる商品の購入・利用者としての消費者の保護だけではなく，国民・市民全体の消費生活・市民生活を考えた上での必要な施策の実施が求められるということである。

②については，①で規定したような生活者の概念を前提とするならば極めて重要となる，消費者庁の総合調整機能の実態について，確認が得られた。政府全体で施策を統一するための総合調整機能の実質化が重要である訳だが，その総合調整を実現する場である「事務レベル協議」の実施機会として，外部からは知り得なかった実務レベルでの多様な会議・会合が政府内には用意されていることが確認できた。それらの会議・会合を有効利用することで，消費者庁は総合調整機能を実質化できるのである。また，そのような総合調整機能が不十分な場合，あるいは，消費者庁の権限が及ばない，及んでも効果がない場合に

おいても，長官自身の決断・行動力次第で，消費者問題を現場レベルで具体的な解決に向けて動かすことができる方途が存在することも確認できた。

　以上のような，①②に関する，消費者庁長官経験者からのヒアリングにもとづく確認が得られたことで，本書第2章「消費者庁とCSR・企業倫理」の理論的な内容についての，部分的な実証あるいは補強となるような議論が展開できたと考える。

【謝辞】

　阿南久氏ならびに福嶋浩彦氏には，元消費者庁長官として，消費者行政に関する貴重な証言となる回答を賜り，感謝申し上げます。

注 ——————————————

1　本章は，本書第2章の内容を前提として展開していることに留意されたい。

2　当然だが，いわゆる「事務方」の職員のみならず，政務（行政府に参画して官職を帯びている政治家など。大臣・副大臣・大臣政務官など）による総合調整も存在する。

3　2022年9月時点での歴代の消費者庁長官は以下である（＊敬称略）。初代長官：内田俊一（任期2009年9月1日〜2010年8月11日）元内閣府事務次官。二代長官：福嶋浩彦（任期2010年8月11日〜2012年8月10日）元我孫子市長。三代長官：阿南久（任期2012年8月10日〜2014年8月10日）元全国消費者団体連絡会事務局長。四代長官：板東久美子（任期2014年8月10日〜2016年8月9日）元文部科学審議官。五代長官：岡村和美（任期2016年8月9日〜2019年7月9日）元法務省人権擁護局長，現在は最高裁判所判事。六代長官：伊藤明子（任期2019年7月9日〜2022年7月1日）元国土交通省住宅局長。七代長官：新井ゆたか（任期2022年7月1日〜現職）元農林水産省農林水産審議官。直近五代は続けて女性が（中央官庁のトップとしての）長官を務めているものの，直近四代はいわゆる「女性キャリア官僚」の「あがりポスト」として定着しているともいえる。そのため，必ずしも消費者問題に精通した人物が長官に就任しているとはいえないだろう。

4　阿南久・清水信次「特別対談 国民と消費者生活の未来に向けて―消費者庁と生団連は志を一つにし，消費者生活の向上を目指す―」『時評』第55巻第4号，2013

年4月，76ページ参照。

5 「一般社団法人消費者市民社会をつくる会」ホームページ参照（http://ascon.bz/salutation 2022年3月4日アクセス）。

6 「講演サポート.COM」福嶋浩彦講師紹介ページ（https://kouensupport.jiji.com/local/3669.html 2022年3月4日アクセス）。

7 写真の出所は，中央学院大学公式ウェブサイトの教員紹介ページより（https://www.cgu.ac.jp/socialsystem/researcher/h-fukushima.html 2022年8月29日アクセス）。なお，本写真の本書への掲載については，当該大学社会システム研究所教授である福嶋氏本人より許諾を得ている。

8 消費者安全情報総括官とは，政府内で「情報の集約，共有及び緊急事態等の即応体制の強化を推進するため」に，消費者庁および関係府省庁において担当者が選定されるものである。その担当者とは，（1）消費者庁次長，（2）内閣府食品安全委員会事務局長，（3）警察庁刑事局長，（4）総務省地域力創造審議官，（5）消防庁次長，（6）文部科学省大臣官房総括審議官，（7）厚生労働省政策統括官（社会保障担当），（8）農林水産省消費・安全局長，（9）経済産業省大臣官房技術総括・保安審議官，（10）国土交通省総合政策局長，（11）環境省水・大気環境局長，である。消費者庁ホームページ「消費者安全情報総括官制度について（平成31年2月7日最終改正）」（https://www.caa.go.jp/policies/policy/consumer_safety/other/pdf/other_190214_0001.pdf 2022年3月7日アクセス）参照。

9 設置当初の消費者庁は，他の官庁から移管された法令とともにその担当者も出向して人員が編成されたようである。その後，毎年少しずつ消費者庁入庁を希望する新規学卒採用正規職員（いわゆる「プロパーの職員」）を増やしているようである。

10 例えば，「（令和3年8月31日）タイガー魔法瓶株式会社に対する景品表示法に基づく措置命令について」（https://www.jftc.go.jp/houdou/pressrelease/2021/aug/210831_honbun.html 2022年3月7日アクセス）によると，消費者庁および公正取引委員会（公正取引委員会事務総局近畿中国四国事務所）の調査の結果，消費者庁はタイガー魔法瓶株式会社に対する景品表示法に基づく措置命令を行っている。このように，公正取引委員会と消費者庁は協働する局面が多いといえる。

第 | 4 | 章

内閣府消費者委員会の機能と課題

　本章は，内閣府外局に設置された消費者庁と同格で，独立した消費者オンブズマン的機関である内閣府消費者委員会（以下，「消費者委員会」あるいは「委員会」と呼ぶ）の機能と課題を考究するものである。日本の消費者行政は，中央官庁においては主に消費者庁が企画・立案，執行，総合調整を担うものであるが，消費者庁を中心とした政府全体の消費者行政を監視して，独自に調査審議し，建議や提言などを発出するのが内閣府に設置された消費者委員会である。消費者庁と消費者委員会とが，いうなれば車の両輪として日本の中央官庁における消費者行政を推進しているといえる訳であるが，しかし，消費者委員会設置から十年以上を経た現在，同委員会には多くの課題も浮かび上がってきている。そこで，消費者委員会の機能を設置経緯から遡って改めて確認するとともに，最終的にはその課題をまとめて明らかにすることで，消費者委員会の更なる機能向上に資する議論を展開するのが，本章の狙いである。

第1節　消費者委員会の機能

第1項　消費者委員会の設置経緯

　当時多発した食品安全問題を中心とした様々な消費者問題発生を受けて，消費者庁を設置することを提案して推進した福田康夫政権（2007年9月26日〜

2008年9月24日）の当初案では，消費者委員会は存在しないものであった。福田康夫政権は，消費者庁を設置するために有識者からなる「消費者行政推進会議」を設置して議論し，消費者庁設置計画の案をまとめて，それをほぼそのまま閣議決定したのであるが，その案には，内閣府本府に設置された消費者委員会ではなく，内閣府外局の消費者庁内部の審議会としての「消費者政策委員会」が設置計画されていた。それは次のようなものであった。

　設置計画案を取りまとめた消費者行政推進会議の「消費者行政推進会議取りまとめ―消費者・生活者の視点に立つ行政への転換―」では，「『消費者庁の運営に消費者の意見が直接届くような仕組み』として，有識者からなる8条機関（審議会等）である消費者政策委員会（仮称）（以下単に『消費者政策委員会』という）を設置する。同委員会は，消費者政策の企画立案（基本計画や新法等）や消費者庁を含めた関係省庁の政策の評価・監視に関するものとともに，消費者庁が行う行政処分等のうち重要なものに関して，諮問への答申，意見具申を行う。このため，消費者政策委員会の下に専門調査会等の下部機関を置く。特に，行政処分等を担当する下部機関は常時，機動的に対応できる体制が求められる。また，消費者と直接接点を持つ地方自治体の意見を政策に反映する仕組みを構築し，消費者の意見を政策に活かすことが重要である。この消費者政策委員会の事務局は消費者庁が担当する。消費者庁は，収集した情報，分析結果等を迅速に報告すること等により，消費者政策委員会をサポートする[1]」とされた。

　また，行政府としての最終決定となる福田康夫内閣閣議決定「消費者行政推進基本計画―消費者・生活者の視点に立つ行政への転換―」では，「『消費者庁の運営に消費者の意見が直接届く透明性の高い仕組み』として，有識者から成る機関である消費者政策委員会（仮称，以下単に『消費者政策委員会』という）を設置する。消費者政策委員会は，消費者政策（基本計画や新法等）の企画立案や消費者庁を含めた関係府省庁の政策の評価・監視に関することとともに，消費者庁が行う行政処分等のうち重要なものに関して，諮問への答申，意見具申を行う。このため，消費者政策委員会の下に専門調査会等の下部機関を

置く。特に，行政処分の審議等を担当する下部機関は常時，機動的に対応できる体制が求められる。また，消費者と直接接点を持つ地方自治体の意見を政策に反映する仕組みを構築し，消費者の意見を政策にいかすことが重要である。この消費者政策委員会の事務局は消費者庁が担当する。消費者庁は，収集した情報，分析結果等を迅速に報告することなどにより，消費者政策委員会をサポートする[2]」とされた。

　以上のことから，消費者行政推進会議が設置提案して閣議決定された「消費者政策委員会」の機能その他の特徴をまとめると，次の七点となる。

① 消費者庁の運営に消費者の意見が直接届くような「透明性の高い仕組み」である。

② 消費者政策の企画立案を担う。

③ 消費者庁を含めた関係省庁の政策の評価・監視を行う。

④ 行政処分等のうち重要なものに関して，諮問への答申，意見具申を行う。

⑤ 専門調査会等の下部機関を置く。

⑥ 地方自治体の意見を政策に反映する仕組みを構築する。

⑦ 事務局は消費者庁が担当する。

　なお，このうち，実際に設置された内閣府の消費者委員会において実現されなかったのは，⑦のみである（消費者委員会は独自の事務局を有する）。また，「消費者政策委員会」は，「国家行政組織法」（昭和二十三年法律第百二十号）８条にもとづく「審議会等」と，同様の機関として想定されていた。但し，内閣府は同法の適用を受けない「内閣府設置法」（平成十一年法律第八十九号）の適用であるので，正確には「審議会等」ではない。

　さて，この「消費者政策委員会」設置計画案は，当時の野党第一党である民主党の対案である，消費者オンブズマン的独立機関である消費者権利院の設置を提案した「消費者権利院法案」との比較を討議する国会論戦のなかで，最終的に内閣府の消費者委員会の設置計画案として修正された。衆参両院で多数派が異なる，いわゆる「ねじれ国会」のなかでの政治的妥協の結果，民主党の消費者権利院の要素を取り入れ，修正が図られたのである。つまり，消費者庁か

ら独立した機関とされた上で，独自に調査審議する権利，内閣総理大臣に対する勧告権，各大臣に対して建議等を発出する権限，各官庁に資料提供などの協力を求める権利，独自の事務局の所有などが，新たに付与されたのである。最終的に，内閣府に消費者委員会を設置する内容を含む消費者庁関連三法案は，衆参両院において全会一致で可決され成立した。

　次に，消費者委員会の権限を具体的に確認する。

第2項　各種消費者関連法における消費者委員会の権限

　日本の消費者法（消費者関連法）の構造は，「消費者基本法」（昭和四十三年法律第七十八号）を頂点として，消費者庁関連三法が消費者行政の組織や執行体制等を規定し，さらに個別の具体的規制法が存在する形となる。日本全体の消費者保護アプローチのなかでは，図2のように位置づけられる。

　「消費者基本法[3]」は，内閣総理大臣を会長として全閣僚と公正取引委員会委員長が委員を務める「消費者政策会議」の設置を規定し，同会議が政府全体の消費者政策の方針を定める「消費者基本計画」の案を定期的に作成することを規定している[4]。「消費者基本計画」の案は閣議決定をもって正式な「消費者基本計画」となり，これによって政府全体の政策方針として意思決定される。「消費者基本法」は，この「消費者基本計画」の案を「消費者政策会議」が作成するにあたり，消費者委員会の意見を聴かなければならないとし，また，「消費者基本計画」の遂行における検証，評価，監視と，それらの結果の取りまとめを行う際にも，消費者委員会の意見を聴かなければならないとしている（以上，同法27条3項による規定）。また，消費者委員会の消費者政策に関する調査審議の権限の明記もされている（同法29条）。

　以上のことから，「消費者基本法」において消費者委員会は，「消費者政策会議」の政策立案に関する実務を（「消費者政策会議」の庶務は消費者庁が務める故に）消費者庁と共に担う存在と規定されているといえよう。

　次に，消費者委員会の権限その他に関連して注目すべき，「消費者庁及び消費者委員会設置法」（平成二十一年法律第四十八号）と，消費者庁関連三法の

▶図 2　日本の消費者保護アプローチの総体・分類

消費者保護アプローチ

公的アプローチ

（消費者立法）
「消費者基本法」
　「消費者安全法」
　「消費者契約法」
　「特定商取引法」「割賦販売法」等　「各種業法」「経済法」等　…国会
　「消費者教育推進法」等
　消費生活条例 等　…地方議会

（消費者政策）
「消費者基本計画」（消費者政策会議）
　「消費者教育の推進に関する基本的な方針」等　…中央行政府
　地方消費者基本計画
　地方消費者教育推進計画　…地方公共団体

（消費者行政）
勧告・命令（措置・課徴金納付）等　…個別の規制法／「消費者安全法」の執行
総合調整（「内閣府設置法」「消費者庁及び消費者委員会設置法」等）　…行政各部の施策の統一
情報収集　消費者庁←（関係各府省庁等）消費者安全情報総括官（会議）等　…集中／分析→企画立案

（消費生活相談）
情報収集
　分析（国民生活センター）
　収集（消費生活センター）　PIO-NET：全国消費生活情報ネットワークシステム　…注意喚起等発出
　その他関係機関によるもの（NITE：製品評価技術基盤機構 等）
相談　消費生活センター／国民生活センター　…「消費生活相談員」（国家資格）等
斡旋　行政型ADR（国民生活センター紛争解決委員会）　…「裁判外紛争解決手続の利用の促進に関する法律」

司法
消費者団体訴訟制度　…「消費者契約法」「特定商取引法」「景品表示法」「食品表示法」「消費者裁判手続特例法」
司法型ADR（民事調停）

民間アプローチ
啓発　消費者教育　…消費者団体
規制　差止請求訴訟　…適格消費者団体
回復　消費者被害回復訴訟　…特定適格消費者団体
民間型ADR　消費者団体ADR　…「裁判外紛争解決手続の利用の促進に関する法律」　弁護士会ADR 等

企業アプローチ
不正防止　…企業倫理 など
現行法令遵守　…コンプライアンス など
社会貢献　…フィランソロピー など
業界団体型ADR 等　…「裁判外紛争解決手続の利用の促進に関する法律」

出所：著者作成。

衆参両院の附帯決議についてみていく。

　まず「消費者庁及び消費者委員会設置法[5]」であるが，本法は消費者委員会について，その設置，権限，組織，事務局などを規定している（同法3章全文）。その要点をまとめると，以下のようになる。

【設置に関して】

- 内閣府本府に設置される（消費者庁から独立した同格組織を意味する）。

【権限に関して】

- 消費者行政について自ら調査審議し，内閣総理大臣，関係各大臣又は長官に建議する。
- 内閣総理大臣，関係各大臣又は長官の諮問に応じて調査審議する。
- 必要があると認めるときは，内閣総理大臣に対し，消費者被害の発生又は拡大の防止に関し必要な勧告をできる（「消費者安全法」（平成二十一年法律第五十号）43条の規定の確認）。さらに，勧告に基づき講じた措置について内閣総理大臣に報告を求める。
- 消費者基本法，消費者安全法，割賦販売法，特定商取引に関する法律，特定商品等の預託等取引契約に関する法律，食品安全基本法，消費者教育の推進に関する法律，不当景品類及び不当表示防止法，食品表示法，食品衛生法，日本農林規格等に関する法律，家庭用品品質表示法，住宅の品質確保の促進等に関する法律，国民生活安定緊急措置法の規定によりその権限に属させられた事項を処理する。
- 必要があると認めるときは，関係行政機関の長に対し，報告を求めることができるほか，資料の提出，意見の開陳，説明その他必要な協力を求めることができる。

【独立性と職権に関して】

- 「委員会の委員は，独立してその職権を行う」（本法7条）。

【人事と組織に関して】

- 委員会は委員十人以内で組織され，特別の事項を調査審議させるため必要があるときは，臨時委員や専門委員を置くことができる。これらは，優れ

た識見を有する者のうちから，内閣総理大臣が任命する。

- 委員の任期は二年であり，再任は妨げられない。
- 委員，臨時委員及び専門委員は全員非常勤とする（本法は委員の常勤化を図ることを施行後二年以内に検討するよう求めているが，未だ常勤化は実現していない）。
- 委員長は委員による互選で決める。
- 事務局には，事務局長のほか所要の職員が置かれる。

　本法は，消費者委員会の独立性を担保するために，合議体の機関としての委員会自体ではなく，委員一人ひとりが独立してその職権を行使するように規定している。これは，消費者その他の利害関係者の代表として一人ひとりの委員が尊重され，その職権が妨げられないことを保障している訳であるが，しかし，委員の任用資格については規定されているものの，委員の指名権者については具体的に規定されず，その意味において任命権者である内閣総理大臣（政府）の委員会に対する人事権限が過大に設定されており，その独立性が危ぶまれるといえよう。また，合議体としての委員会と，委員個人とが，その職権の行使に関して相反する事態が生じた際に，それを調停する方途についても規定がなく，曖昧となっている点が批判されよう。

　次に，消費者庁関連三法の衆参両院の付帯決議についてみていく。法律の付帯決議とは，国会に設置され当該法律案を審議した委員会が，法律案を可決する際に委員会としての当該法律案に関する考え方を示したものである。絶対的な法的拘束力はないものの，国会の委員会の意思として尊重することが政府には求められるものである。消費者庁関連三法については，衆参両院の「消費者問題に関する特別委員会」がそれぞれ独自に決議した。

　まず，衆議院の付帯決議[6]についてであるが，消費者委員会に関しては以下のような指針を示している。

① 消費者委員会は，自ら積極的に調査審議を行うとともに，内閣総理大臣等への勧告・建議を始め，その与えられた機能を積極的に行使し，消費者の利益の擁護及び増進のため，適切にその職務を遂行すること。

② 消費者庁及び消費者委員会は，消費者の利益の擁護及び増進のため，各々の独立性を堅持しつつ，適宜適切に協力して職務に当たること。

③ 消費者委員会の委員長及び委員は，すべて民間から登用するものとし，その年齢・性別等の構成について十分配慮すること。

④ 初代の消費者委員会の委員の三人について，常勤的に勤めることが可能になるように人選し，財政的な措置も行うこと。またその他の委員についても，委員としての職務に専念できるような人選を行うように努めるものとすること。

⑤ 消費者委員会からの関係行政機関の長への報告徴求，資料の提出要求等に対しては，各行政機関は速やかに対応すること。また，関係行政機関の長は，その有する民間事業者に係る情報に関しても，個人情報や企業秘密，適正手続の確保に配慮しつつ，消費者委員会からの求めに対し，積極的に対応すること。

⑥ 内閣総理大臣，関係行政機関の長等は，消費者委員会からの建議又は勧告に対して，迅速かつ誠実に対応すること。

⑦ 消費者委員会の独立性を担保するため，その事務局については財政上の措置を含めた機能強化を図るとともに，その職員については専任とするよう努めること。また，事務局職員の任命に当たっては，多様な専門分野にわたる民間からの登用を行うとともに，同委員会の補佐に万全を図ること。

⑧ 消費者安全法第二十条の趣旨にのっとり，内閣総理大臣は，消費者委員会からの勧告に対し，消費者の利益を増進するため，内閣一体となった取組が行われるよう，誠意をもって対応すること。

　注目すべき点は，委員会が独立性を有しつつ能動的に活動すること（諮問を受けるだけの通常の「審議会等」とは違う点の強調），委員長および委員と事務局職員の民間からの登用（委員会に消費者の声が直接届くことの実現），委員や事務局職員の常勤化・専任化と委員会への財政措置（消費者問題発生時の機動的対応の必要性の強調），内閣総理大臣や関係行政機関の長が迅速かつ誠実に消費者委員会に対応すること（委員会の権限の実質化の強調）などが指摘

されていることであろう。

　次に，参議院の付帯決議[7]であるが，消費者委員会に関して，以下のように，衆議院の付帯決議に追加した指針，あるいは独自に新たに規定した指針を示している。

① 消費者庁及び消費者委員会は，消費者の利益の擁護及び増進のため，各々の独立性を堅持しつつ，情報の共有を始めとして，適宜適切に協力して職務に当たること。

② 消費者の利益の擁護及び増進を図り，真に消費者，生活者が主役となる社会を実現するためには，消費者行政を担当する内閣府特命担当大臣が，消費者行政の司令塔である消費者庁及び消費者行政全般の監視機能を果たす消費者委員会双方の判断を総合的に勘案し，その掌理する事務を遂行することが極めて重要であることにかんがみ，消費者政策担当大臣の判断を補佐するスタッフの配置を行うこと。

③ 消費者委員会の委員長及び委員は，すべて民間から登用するものとし，その年齢，性別，専門性等について十分配慮すること。また，委員の任命理由を明確化する等，説明責任を果たすよう努めること。

④ 消費者委員会からの関係行政機関の長への報告徴求，資料の提出要求等に対しては，各行政機関は迅速かつ誠意をもって対応すること。関係行政機関の長は，その有する民間事業者に係る情報及びその所掌に係る民間事業者に関する情報についても必要に応じて収集・分析を行い，個人情報や企業秘密，適正手続の確保に配慮しつつ，消費者委員会からの求めに応じ，積極的な提供に努めること。

⑤ 消費者委員会が個別具体的な事案に関して「勧告」を行うにあたっては，当該事案に関して的確な情報を得た上で，その必要性を踏まえたものとすること。消費者庁及び消費者委員会設置法第八条の「資料の提出要求等」の権限が，その情報収集のための法的担保として設けられているものであるが，事実上の情報収集の手段として，消費者や事業者等からの自発的な通報・提供という形で情報を得ること，消費者委員会の要請に対して事業

者等が自ら進んでこれに協力する等の形で，消費者委員会が事情説明や資料提供等を受ける等の調査を行うことまで否定しているわけではないことに留意すること。

⑥　消費者委員会が独立して消費者行政全般についての監視機能を十全に果たすことを担保するため，その事務局については財政上の措置を含めた機能強化を図るとともに，その職員については専任とするよう努めること。また，事務局職員の任命に当たっては，多様な専門分野にわたる民間からの登用を行うとともに，その所掌事務を行うために十分な人員を確保することにより，同委員会の補佐に万全を図ること。

⑦　消費者政策会議については，当委員会で行われた議論を十分踏まえ，消費者庁及び消費者委員会との関係を総合的に判断し，国会と連携を図りつつ存置を含めその在り方の見直しを検討すること。

⑧　消費者安全法第二十条の趣旨にのっとり，内閣総理大臣は，消費者委員会からの勧告に対し，消費者の利益の擁護及び増進のため，内閣一体となった取組が行われるよう，誠意をもって対応すること。また，内閣総理大臣は，消費者委員会から勧告を受けたときは，当該勧告の実施に関する事務を所掌する大臣に対し，適切な対応を行うこと。

　注目すべき点は，衆議院の付帯決議にはなかったいくつかの指針が追加されたことである。それは，情報の共有（委員会と消費者庁との協力事項の一つを明確化），消費者・生活者が主役となる社会の実現（行政目標の明確化・強調），消費者行政担当の内閣府特命担当大臣の位置づけ（役割と補助スタッフの必要性の提示），委員会の委員の任命理由の開示（説明責任の強調），関係行政機関による民間事業者の情報収集・分析とその結果の委員会への提供（関係行政機関との協力事項の一つの明確化），消費者や民間事業者から委員会が情報を得ることを妨げない確認（情報源の最大確保の強調），委員会の政府全体に対する監視機能の確認（オンブズマン的要素の強調），閣僚レベルの「消費者政策会議」の再検討（形式的行政機関の見直し），あえて言及することで強調される「生活者」の概念の提示などである。

　これらの付帯決議のなかの具体的記載事項は，衆参共に異例の数に上った訳であるが，それは法律では規定しきれなかった点（後に政令や内規などの，国会の関与しない形で規定されていくことになる，制度運用上の諸注意点）について，先んじて国会がその指針を示すことで，行政府を拘束しようとしたものであるといえよう。

　以上のように，消費者委員会の設置経緯とその法的に定められた権限について確認できる訳であるが，次に，この消費者委員会という制度自体の趣旨や役割について，確認をしていく。

第 3 項　消費者委員会制度の趣旨・役割

　初代消費者委員会委員長を務めた松本は，次のようにまとめている[8]。

　消費者委員会の役割・機能は主に二つある。

　①旧・国民生活審議会などが有していた「審議会機能」を引き継ぐこと。

　②消費者の意見を消費者行政に直接届けること，および政府の消費者行政全体を監視すること。

　①については「従来型の審議会の機能」の踏襲に過ぎないが，②のような，自ら調査審議し，内閣総理大臣や関係行政機関の長に建議する権限などを有することは「消費者委員会特有のものであり，類似の行政機関は存在しない[9]」とされる[10]。「これは，消費者委員会が衆議院における政府案の修正によって生まれた組織であることによる。すなわち，政府案は，15人以内からなる消費者政策委員会を消費者庁の内部に作るというものであり，独自の事務局を有していなかった。他方，民主党案は，人事院のように内閣から独立した消費者権利院を設置し，5 人からなる消費者権利委員会を置き，消費者オンブズマンとしての機能を果たさせようとするものであった。両者の機能が合体して名称も消費者委員会となり，委員数は両者の平均をとった10人以内，独自の事務局を持つこととなった[11]」として，消費者委員会が有する他の行政機関には存在しない特徴には，国会における政治的妥協が影響している点を指摘している。

　さらに松本は，消費者委員会の役割を類型化して，最終的には三つの役割に

まとめている[12]。

① 「審議会機能」。これは大臣などの諮問に応える通常の審議会機能である。

② 「消費者行政全般の監視機能」。主に二つあり，一つは「消費者にとって重要な問題を自ら取り上げて，調査審議した上で，関係大臣や消費者庁長官に建議をしたり，内閣総理大臣に勧告をしたりするという法律に基づいたフォーマルなものである。そのため，消費者委員会には，各省庁に対して資料提出を要求する権限や，勧告に基づいて講じた措置について内閣総理大臣から報告を求める権限がある。」「次に，内閣が決定する消費者基本計画の進捗状況を検証・評価・監視するという場合である。消費者基本計画の検証・評価・監視自体は内閣総理大臣を長とする消費者政策会議が行うが，その取りまとめに際して消費者委員会の意見を聴かなければならないとされていることから，消費者委員会が積極的に関与することとなる[13]」。

③ 「双方向的パイプ機能」。これは，「消費者の声を消費者行政に直接届けるという役割」のことである。消費者「委員会はすべて公開であり，毎回，多数の傍聴者を迎えている。議事録や配布資料はすべて公表されている」。「また，委員会終了後に，傍聴者の方々との間で，懇談会を行うという試みも[14]」行っている。

さらに，松本は，消費者委員会の独特な特徴にしてその重要な役割の一つである，委員会の調査審議についても類型化して説明している[15]。「そもそも，消費者委員会の行う調査審議には，消費者委員会としても重要であると考えている事項について，消費者庁や他の省庁から諮問を受けて行う場合と，消費者庁や他の省庁から諮問を受けずに独自に行う場合がある。」「前者の場合は，諮問する側も重要であると考えており，新たな施策をとる覚悟ができているのに対して，後者の場合は，関係省庁に問題意識が欠けていることが多いという違いがある。したがって，」「前者の場合が答申や意見でまとめられるのに対して，後者の場合は建議や」「提言という形でまとめられる[16]」。

なお，原は「建議」に関して，建議が発出された関係省庁に対しては期限を

定めて消費者委員会への実施状況の報告が求められていると指摘し，また，「提言」「意見」などの「意見表明等」については，「消費者委員会の審議あるいは調査等を踏まえて行われた意見表明等と，専門調査会等の報告書のとりまとめを経て行われた」「意見表明等に分けられる」と指摘している[17]。また，金子・山口は，「『建議』は，調査に基づいて，より具体的なことを特定の大臣に対して提案するものであり，『提言』は，その前段階的なものとして位置づけられ，方向性を示すものとされる[18]」としている。

　以上のことから分かるように，消費者委員会制度の役割は，現場の消費者の声を直接受け止めた上で，従来の審議会的機能を果たしつつ，消費者オンブズマン的監視機能も担うことであり，その趣旨は，政府全体の消費者行政に対して，消費者目線からの客観的視点の確かな導入にあるといえるだろう。

　では，そのような役割や趣旨を貫徹するのに重要な要素である，消費者委員会の独立性と委員の人選についてはどのようになっているのか。

　扇は，「消費者委員会の独立性につき，証券取引等監視委員会に見られるような『委員会の委員は，独立してその職権を行う。』との規定が明記される[19]」として，その独立性を証券取引等監視委員会の独立性に准ずるものと指摘している。

　初代消費者委員会委員長代理を務めた中村は，委員の人選の趣旨と委員会の役割との関係を，次のように指摘している。「消費者委員会の役割は，大きく分けると，」「消費者行政全般に対する監視と，」「消費者問題に関する審議だと言われているが，もうひとつ重要な役割がある。それは，国民の声を行政に届ける役割である。10人の委員は，全員非常勤であり，学者，弁護士，消費者団体，企業人，マスコミ人など自分の本業とする現場を持っている。だから，日々生起する問題に現場で接し，その最新情報をもっている。こういう人々が，」「委員会の場に，行政機関や独立行政法人の関係者を呼び，最新の問題のヒアリングや意見交換をする。場合によっては，建議もできる」。従来のような，形だけの審議会や公聴会やパブリックコメントとは違い，「委員会の場での意見で直ぐに行政や関係者が動いてくれる[20]」。

　消費者委員会委員の人選は，各界の多様な立場から消費の現場を知る有識者が消費者行政に消費者目線を導入するという趣旨から行われ，また，その導入が妨げられることがないように，職務には証券取引等監視委員会並みの独立性が保障されているのである。

　さて，このような消費者委員会が設置され，具体的に活動を開始したことで，従来の消費者行政はどのように変わっていったのであろうか。

　松本は次のように回顧している。「2010年度から始まる新消費者基本計画の策定は，消費者庁・消費者委員会の発足後，最初の計画であるということから，いろいろな面で注目された。消費者委員会では，計8回にわたっての審議を行い，その間，『消費者基本計画策定に向けての意見』（2010年3月3日），『消費者基本計画の検証・評価・監視についての視点』（2010年3月25日）という2つの意見を公表した。前者においては，消費者庁のリーダーシップの下で，『各府省庁の施策を消費者行政一元化の視点で横断的にまとめ，ビジョンを明確にする』ことを求め[21]，」「その結果，たとえば，『消費者事故の独立した公正かつ網羅的な調査機関の在り方について検討します』（施策番号12），『リスク管理機関を一元化した「食品安全庁」について，関係省庁の連携の下，検討を行います』（同23），『食品表示に関する一元的な法律の制定など法体系の在り方については，……現行制度の運用改善を行いつつ問題点等を把握し，検討します』（同69），『関係省庁，学識経験者，消費者団体，教育関係者等をメンバーとする「消費者教育推進会議」を新たに開催し，……また，消費者教育に関する法制の整備について検討を行います』（同87）などが入った[22]」。

　このように，消費者委員会設置当初から，委員会の意見が消費者行政に関する政府の最重要政策方針である「消費者基本計画」に反映されており，委員会の制度上の役割が十分果たされていたことが分かる。

　設置当初から順調に導入された消費者委員会制度であるが，第三次消費者委員会委員を務めた石戸谷は，その導入の意義を，設置以前との比較から以下のように明らかにしている[23]。

　消費者庁および消費者委員会設置以前である，2005年の「消費者基本計画」

の作成過程における内閣府国民生活審議会消費者政策部会の審議の経過は次の
ようであった。「全体を通じて議論したのは4回だが，素案についての議論は
1度だけで，その素案はほぼ原案のままパブリックコメントに付された。そし
て，最終回は消費者政策会議からの消費者基本計画案について諮問が出され，
その場で『消費者基本法の趣旨に鑑み妥当であり，その旨答申する』との内容
が決定されている[24]」。

　しかし，消費者庁・消費者委員会設置後である，2010年の「消費者基本計
画」の作成過程における消費者委員会の審議は，「国民生活審議会の意見の反
映と比較して，質的な違いがあると言える。今回はスケルトンから議論を始め，
素案に対して出された意見に基づいて改訂版を作成し，さらに議論のうえ再改
定版を作成し，議論しながら最終的な案をまとめていったという経緯である。
そのため審議回数も8回となった。これに対して国民生活審議会においては，
委員がそれぞれに意見を述べているだけで，いわば言いっ放しであった」ので
あり，「意見交換や議論が行われることもなく，まとめられることもないまま
進行した」。しかし，消費者委員会による「今回の審議においては，消費者委
員が具体的施策について意見を述べつつ，消費者委員会が委員会としての意見
もまとめながら進行した。その意味で，意見の反映という観点で大きな変化が
あったと考えられる[25]」。

　そして，石戸谷は，旧・国民生活審議会に比して，消費者委員会が「組織論
的進化」を遂げているとする。「この変化の根底には，消費者委員会という組
織のあり方が関係している。」「国民生活審議会の庶務は内閣府国民生活局総務
課が行うとされ（国民生活審議会令8条），消費者政策会議の庶務は内閣府国
民生活局消費者企画課が行うとされていた（消費者政策会議令2条）。つまり，
意見を求める側である消費者政策会議の事務局と，意見を述べる側の国民生活
審議会の事務局が，ともに内閣府国民生活局であった。実際には，消費者基本
計画の案を作成するのも，それに対する意見の案を作成するのも，ともに事務
局である。したがって，このような組織の構造では，意見を求める側の意向が
強く働くのは避けられない。」「消費者政策会議の事務局は消費者庁企画課と

なったが，消費者委員会は消費者庁とは別の独立した機関である。このような関係となったことによって，」「消費者委員会が独自に意見を述べ，意見をまとめることができることとなったのである[26]」。

2005年の場合には，国民生活審議会の前に消費者政策会議が開催され大方の方針が既に決まっていたのに対し，2010年の場合では，閣議決定される「消費者基本計画」の案に盛り込むべきことをまずパブリックコメントで消費者庁が募集し，それを受けて作成したスケルトン案が消費者委員会に示され，そこから順次，消費者委員会において議論がスタートしている。このような「審議の実質化」は，審議会機能を果たす機関の事務局が，「消費者基本計画」の案を作成する事務局と分離したこと（「組織論的進化」）により実現したのである。

「消費者基本計画」の作成過程への参画は消費者委員会の重要な役割であるが，次に，それ以外の一般的な消費者問題に関しての委員会の役割とその貢献の事例をみていく。

食用油の「エコナ」油の安全性が懸念された食品安全問題が生じた際に，消費者庁と消費者委員会はどのように対策を講じたのか。「花王がエコナ関連商品を一時販売自粛並びに出荷停止を決定したのが昨年九月十六日。十月五日にエコナ関連製品に関する関係省庁等担当課長会議を開催。二十九日には，福島大臣が泉健太政務官チーフの『食品SOS対応プロジェクト』を発足。十月六日には花王幹部に聞き取り調査。七日，消費者委員会で消費者庁が『食品SOS対応プロジェクト』の資料を説明。委員から様々な意見が出て松本委員長は『実質的な判断としては，少なくとも健康増進法上の健康にいいという表示は取り消すべきである。あるいは少なくとも一時的にペンディングすべきであるという点では皆さんほぼ一致していると思う』とまとめた。八日，消費者庁はエコナのトクホの再審査という方向性を決めていたが，花王によって失効届けが提出され，この問題は決着した。出荷停止から失効届けまでの期間が一ヵ月足らず」という「今までには考えられないスピードと強行さは，企業に緊張感を与えた[27]」。

このように，消費者委員会は，現実的な消費者問題への具体的対応において

は，必要に応じて消費者庁と協調することで，問題解決に貢献できる。すなわち，消費者委員会は，政府全体の消費者行政を監視してその政策の改善を促すのみならず，具体的な消費者問題を直接的に解決する役割の一端をも有するのである。

　なお，消費者委員会設置後の本制度を取り巻く状況としては，2014年11月13日に自由民主党行政改革推進本部が取りまとめた「内閣官房・内閣府のスリム化について（案)」における「内閣府機能の見直し」において，「各省庁に移管するもの」として「消費者問題」が提起され，消費者委員会が内閣府から消費者庁に移管される危険が生じた，という事態があった[28]。これは，消費者委員会の独立性が失われる事態を意味するものであり，各種消費者団体等から批判された案であったが，最終的には撤回され，消費者委員会は内閣府に留まることになった[29]。

　以上のように，消費者委員会の設置経緯，権限，役割，制度の趣旨などを確認してきたが，次に，同委員会の諸課題について検討していく[30]。

第2節　消費者委員会の課題：権限行使・組織実態・会議運営の視点から

第1項　権限行使について

　消費者委員会の権限行使に関してまず注目すべき点は，法律に規定された内閣総理大臣に対する勧告権が，いわゆる「抜かずの宝刀」状態ということであろう。一般に，政府内部の特定の機関や役職が有する内閣総理大臣や各行政機関の長（各所管大臣）への勧告権は，行使されない傾向が極めて強いといえる。例えば，2003年に設置された「食品安全委員会」にも勧告権は存在するが，この勧告権もまた消費者委員会の勧告権と同じ使用状況にある[31]。また，2001年の中央省庁再編（中央省庁等改革）によって設置された内閣府特命担当大臣の他の大臣に対する勧告権も同様である。内閣府の消費者委員会のウェブサイト

を閲覧（2022年3月1日時点）すると，その関連項目欄は「建議，提言，意見，答申及び報告書」となっており，あたかも初めから勧告権の行使は予定されていないかのようである。

　このように，消費者委員会に限らず政府内部の特定の機関が有する勧告権がなかなか行使されないことが一般的である状況のなかで，消費者委員会では，その他の行使可能な権限，すなわち，各種官庁に対する建議や提言などを発出する権限が多用されている。したがって，消費者委員会の権限行使の実態を考える際には，勧告権ではなく，建議や提言などの発出権限にこそ，注目すべきであるといえよう。

　消費者委員会の権限行使の実態を考えることは，すなわち，その監視機能の実態について考えることである。2010年4月から2011年4月まで消費者委員会の専門委員（地方消費者行政専門調査会の専門委員）を務めた国府は，「各省庁の法執行に関して内閣総理大臣は各省庁へ措置要求できることとなっており，これが適切に行われていないときは消費者委員会が内閣総理大臣に勧告できることとなっているが，勧告の例はない。社会問題化している重要テーマについての」消費者委員会の内閣総理大臣や関係各所管大臣への「建議や提言がその機能を果たしているともいえる[32]」として，消費者委員会の建議や提言が，事実上，勧告に近い役割をもっていると指摘している。

　行使し得ない最大の権限である勧告権に代えて，建議や提言という（比較的にみて，政府内部に軋轢を生みにくいという意味において）よりソフトな権限をもって，本来勧告権が果たすべき役割が成し遂げられているといえる。そうであるならば，初めから勧告権を法的に設定すること自体が無意味であり，これに代わって，建議や提言などに関する権限の整備をより詳細かつ明示的に法整備によって進めるべきであろう。消費者委員会の建議や提言などに関する権限行使に関しては，このような課題意識が求められるといえる。

　次に，建議や提言などを発出する前提となる，消費者委員会の調査審議に関する権限（法律に規定された各種行政機関に対する資料提出要求権など）の行使について考察する。

　消費者委員会による資料提出要求権行使や調査審議の実態について，当時の消費者委員会委員長代理の中村は，次のように回顧している。「5月下旬に，国土交通大臣と消費者庁長官に対し，法に基づく資料要求権を初めて行使しましたが，当初は，なかなか思うように資料提供がはかどらず，霞が関の中に，設置法の趣旨が十分浸透しておらず理解されていないことが分かりました。委員会が，粘り強く説明と説得を繰り返した結果，要求資料が完全にそろったのは8月初旬のことでした。」「委員会は，『自ら調査』として，国土交通省と消費者庁にしばしばヒアリングを行ったほか，国産自動車メーカー・輸入車業者全社に対し，アンケート調査と，各社へ出向いてのヒアリングを行い，ユーザーアンケートも実施しました。これらの調査と膨大な資料の分析には，消費者委員会事務局職員5名が専属的に当たり，委員会からも3名が担当となって，事務局と協議したり，ヒアリングに同席しながらこの作業を進めて行きました[33]。」これは，2010年8月27日の消費者委員会による自動車リコール制度に関する建議発出の準備の際に初めて実施された，関係行政機関の長に対する資料提出要求権行使の舞台裏について述べたものである。

　第一次および第二次消費者委員会委員を務めた山口は，委員会による調査審議の課題を次のように述べている。消費者委員として，「大きく3つの壁にぶつかった。第1に調査力不足。自ら調査といっても限界がある。私は」「金融庁や厚労省，国交省の担当者に再三会いに行った。消防庁や老人ホーム協会幹部等とも会った。消費者委員会の委員として調査協力をお願いし，快く協力いただくことが多」かったが，「しかし，やはり限界がある。」「私一人では限界があるし，協力してくれるスタッフがいない。第2に，消費者委員会は行政の一部局だ」。よくある審議会のように意見や諮問への答申を出して終わりでは済まない。独自に調査・審議して「建議や勧告を出す以上，責任をもってその実現まで見届けるべきだろう」。しかし，例えば「こんにゃく入りゼリー問題では，食品衛生法では食品の成分や汚染等への規制はあっても，大きさやねばりけなど（物性・形状）について規制できるとなっていない。」「厚労省で規制できるようにすべきだと建議したかった。公開の場でも厚労省の担当者に迫っ

たし，担当副大臣にも会って要請してみたが，厚労省は頑として，『したくてもできない，無理です』と言い張った。これを突破して建議することが出来なかった。」「第3に，10人の委員の意見の合致が困難であること。多数決でも建議すべきと思うこともあったが，反対の委員の声を無視する程に今建議をする切迫性があるのかと自問してここは提言にとどめざるをえないと考えた。様々な立場の，キャリアも感覚も違う10人が毎週2，3回会って協議することを通して，委員の誰かが起案した建議案を採択までこぎつけるのは至難のことと痛感した[34]」。「根回しも，世論喚起もない中で，委員個人の調査だけで委員会としての建議にすることの困難さを痛感した[35]」。

　山口は，合議体として消費者委員会としてではなく，一人の一消費者委員会委員の立場で，各種の調査を行い，消費者委員会に各種の提起をした模様である。「消費者庁及び消費者委員会設置法」第7条「委員会の委員は，独立してその職権を行う。」にもとづき，個人で職権を行使した訳だが，それには上記引用のように限界が存在することが分かる。

　当該設置法の規定は，各委員の独立性を担保する規定であるが，これは同時に合議体としての消費者委員会の独立性を担保する規定でもあり，一人の委員の職権だけで委員会を動かすことはできない。また，消費者委員会の運営（議決方法）は，政令として定められた「消費者委員会令」の規定上，過半数の多数決も可能[36]でありながら，実態としては，各委員間の全会一致を基本としているようである。各種利害関係者の代表としての側面が各委員には存在し，特定の利害関係者のみの利益がいわゆる「数の論理」で押し切られる事態を防ぐことが可能となる実態であるといえる。それは評価するべき側面もあるが，しかし，そのような議決行為の実態のために，消費者委員会の果断・大胆な意思決定が難しくなってもいるという側面もあるだろう。

　このような問題点の原因は，政令に規定された意思決定方法を厳格に遵守しない運営のあり方，そして，消費者委員会委員個人の権限と委員会全体の権限との整理が不明瞭である法令の現状にあるといえよう。これらを改善・整理する法令の改正が，消費者委員会の権限行使における課題であるといえる。

　次に，消費者委員会の権限行使によって実現される，政府全体の消費者行政に対する監視機能の課題について考察する。

　第一次消費者委員会委員を務め，当時主婦連合会事務局長だった佐野は，次のように指摘している。「監視機能を持つ消費者委員会と，施策実施を担う消費者庁の意見が対立的に推移したときどうするか，その論点や検討経緯を国民に全てオープンにするとともに，その解決について手続きを整備することの必要性を感じた。役割の異なる」この「二つの機関は一人の大臣が管轄する。大臣を含む政務三役の判断が最終決定となるが，それでいいのか，という課題である[37]」。

　同じく第一次消費者委員会委員を務めた日和佐も，次のように指摘している。消費者委員会の審議会機能は「その実質的な事務局を消費者庁が担うことが多く，そのような経緯があったからと推測するが，消費者庁は消費者委員会を消費者庁消費者委員会と見ていた感が強い。」「監視機能と審議会機能を持つことは組織としても矛盾している。審議会機能は消費者庁に移して監視機能に特化するのが良いのではないかと考える。監視機能を持ちながら消費者庁と消費者委員会担当大臣が同じなのは問題で，消費者委員会の独立性と権限が確保されない要因になっている[38]」。

　これらの指摘は，監視機能をもつ消費者委員会が同時に審議会機能をもつことで，施策実施に責任をもつ消費者庁からの組織的な独立性が薄まること，そして，監視対象の施策実施に必要な機能の一部を自らに取り込んでいるという点において，組織として自己矛盾しているということを，問題としている。さらに，消費者委員会の監視対象である消費者庁の施策は，消費者行政担当の大臣以下政務三役の責任で進められるものであり，そこに何かしらの異議を消費者委員会が唱えても，結局，その施策は大臣以下政務三役の調整や承認を経て成されているものであり，その意味において，そのような異議は政務三役により認められないという可能性が極めて高いのである。しかも，当の消費者委員会を実質的に所管するのは，消費者庁と同じく，消費者行政担当の内閣府特命担当大臣なのである。

この点について，松本は次のように指摘している。消費者委員会の監視機能には問題がある。「第1に，」「消費者庁及び消費者委員会設置法に，消費者委員会の所掌事務に関する規定（6条2項）はあるが，それが何のために設置されたのか，その任務は何かを宣言する規定がない。この点，消費者庁には所掌事務に関する規定（4条）とは別に任務規定（3条）が置かれているのと大きく異なる。第2に，外部からの行政監視機能の強調は野党的発想であり，とりわけ，監視対象でもある消費者庁と消費者委員会の担当大臣が同じであることは，」「閣内不一致どころか，同一大臣内不一致を引き起こすおそれがある[39]」。

　以上のような，消費者委員会の権限行使の根幹に関わる監視機能上の課題は，消費者委員会の独立性の問題であるといえる。この課題解決に資する考え方について，金子・山口は次のように指摘している。

　設置法において消費者委員会委員は独立して職権を行うとあるが，「独立性とは，消費者委員会の委員が消費者政策担当大臣の指揮監督を受けずに職務を遂行することである」。「野田聖子内閣府特命担当大臣（当時）は，消費者委員会と担当大臣との関係について，『消費者委員会が，その委員会の活動が円滑に行われるようなサポート，支援する側にある』こと，および『担当大臣が消費者庁に加えて消費者委員会を掌理するということは，総合調整力を発揮することによって，その委員会の建議，勧告等がより良い実効性のあるものにある』旨，答弁している[40]」。

　つまり，当時の国会審議に表れている消費者委員会の設置理念においては，消費者行政担当の内閣府特命担当大臣による消費者委員会への厳格な指揮や管理は想定されず，むしろ担当大臣は，消費者委員会を扶翼する存在であると考えられていたのである。これは重要な指摘であり，この考え方こそ，かかる問題の解決を志向する上で欠かせない規範であるといえるだろう。

　しかし，実際の消費者行政担当の大臣以下政務三役は，必ずしもこの規範に沿っているとはいえない。例えば，民主党政権が展開した「行政刷新」政策の影響で提案された，国民生活センターと消費者庁との統合案に反対した第一次消費者委員会の委員の大半は，任期終了後に再任されなかった。これは事実上，

政務三役側による人事権を通じた消費者委員会への介入であるといえる。また，消費者委員会の下部組織の人事案も，政務三役全員から許可が出るまで何度も再考させられたという。つまり，消費者委員会設置当初の理念や規範は忘れ去られ，政務三役や政権の意向に従うことを求める圧力に消費者委員会はさらされているのである。これでは，政府全体の消費者行政を独立して監視する機能が果たせないだろう。

第2項　組織（消費者委員会及び同事務局）実態について

　消費者委員会およびその事務局の組織実態上の課題として一番にあげられるものは，やはり貧弱な予算手当による脆弱な人員体制であるといえるだろう。

　設置当初，消費者委員会の事務局には，非常勤職員を含めて16名の職員しかいなかった。例えば，同じように監視機関である証券取引等監視委員会（金融庁に属する審議会等）の委員は3名だが，同時期の事務局職員の定員は374名である[41]。初代消費者委員会委員長代理を務めた中村は，「当初16人でスタートした事務局職員も24人まで増員してもらった。しかしそれでも足りず，実情を知った消費者団体から，消費者委員会事務局体制の充実強化を求める意見書を出して消費者問題担当大臣に要請していただいている[42]」として，人員体制の拡充に苦慮したこと証言している。第三次消費者委員会委員を務めた石戸谷は当時，事務局職員は「民間や行政実務研修員などを含め，24人体制でこなしている。これで，一般に期待されるような活動をせよというのは酷である[43]」と評している。事務局長をトップとする事務局を統括する最高責任者である委員長（初代）を務めた松本も，「消費者庁や他の省庁が意識していない事項を取り上げて調査審議することは，消費者委員会ならでは」の「固有の機能であり，今後，消費者庁との機能分担の面からは，この機能をより重視していく必要がある。しかし，そのためには，問題や被害の状況，関係する法律の詳細，行政の実態，海外の対応状況等を独自に調査できる事務局の体制強化が不可欠である」。消費者委員会に，「課された役割と消費者からの期待は大きいが，委員は全員非常勤だし，事務局も，定員内職員は発足当初わずか2人，現在でも

６人にすぎない。あとは非常勤の職員や企業・団体・自治体からの出向者で何とかまかなっている状態である[44]」と述べている。第一次および第二次消費者委員会委員であった山口も,「委員と事務局の人選と予算。委員会としては,法令の現状を分析し,これをどう運用し改善するべきかを検討するのが基本業務なのに,自らこれに切り込み提起できる委員と事務局があまりに非力だ。」「何の執行力もない委員会の建議や提言が実現するには,事実に基づく説得力とともに,世論の後押しが必要だ。そのためには,消費者団体との意思疎通とそのサポートが不可欠だ[45]」と評し,消費者団体からの応援・支援による世論の力に消費者委員会が頼らざるを得ない実情を述べている。

　この予算および人員体制の不足の問題は,現在においても解決されていないようである。2019年度においても,消費者委員会は「委員10名,事務局37名（2019年９月１日現在）[46]」という状態である。

　初代消費者委員会委員長代理を務めた中村は当時,消費者委員会の組織的な問題について次のように述べている。

　消費者委員会の本「委員会の下に部会や専門調査会を設置し,審議している。この２年間に12の専門調査会等を立ち上げ審議してきた。」「少人数の事務局は,調査会の段取り準備等に忙殺される」。消費者委員会事務局は「増員されたものの,到底万全に担いきれる人数ではない[47]」。

　「消費者委員会の倉庫」は「特保の資料で一杯になる」。特保審査のような「専門的な調査を,現状小規模な消費者委員会のルーティンワークとする必要があるのだろうか」。消費者委員会が審議会機能として審議する場合,「関係する専門の情報資料,担当職員は,」関係「省庁にしか存在しない。したがって,」消費者委員会の審議は「消費者庁等の担当課の力を借りなければできない。行政機関の効率からみてもよろしくない[48]」。

　このように,中村は,事務局の予算不足に基づく貧弱な人員体制が,消費者委員会に課せられた業務に対してあまりに不十分であり,業務の効率化を訴えている。それは,消費者委員会の下部組織である部会や専門調査会を縮小・再編する要素を孕んでおり,組織的な再編を求めているといえるものである。

　中村は予算不足にも関連して，次のように当時の消費者委員会の広報的な問題点を指摘している。消費者委員会の活動が国民に伝わらないという問題の原因の第一は，「消費者委員会には広報予算がほとんどない」ことである。例えば，「委員への名刺の支給も1人200枚が上限」とあまりに少ない。第二は，委員への期待である。「委員は全員非常勤だから，委員会外の活動に際して消費者委員会の活動について事実上広報することが期待されていたのだと思う」。しかし，それでは広報対象範囲が狭い。また，委員も事務局も大半が実務家タイプであり，非常勤や出向者で占められている。広報は皆得意ではないタイプである。第三は，マスメディア対応である。「結局，問題は，いかにマスメディアにのるか，がポイントになる。」「マスコミ各社から，冒頭だけでなく審議中もカメラを入れさせて欲しいと要望されている。」「委員間では，この要望をめぐって何度も激論している。大方の委員はテレビカメラへの全面公開に賛成だが，恣意的な編集をされる場合の懸念を表明する委員もいて，まだ結論に至っていない[49]」。

　金子・山口は，消費者委員会の事務局組織の独立性に関して，次のような指摘をしている。消費者「委員会の事務局長は，『関係ある他の職を占める者をもって充てられるものとする』（〔平21政216〕3条1項）と規定されており，現事務局長は，民間から登用されたため，あらかじめ内閣府経済社会総合研究所情報研究交流部長として採用され，次に事務局長に任命され，事務局長を兼務している。このため内閣府に所属する大臣官房審議官（消費者委員会担当）が，事務局長を補佐している。ただし，大臣官房審議官（消費者委員会担当）については組織規定上の定めはなく，事務局における官房審議官の組織上の位置づけおよび権限が不明確」である。「大臣官房に所属する審議官が事務局長を補佐する体制は問題がある。」「官房審議官は事務局長を補佐するとされているが，補佐にとどまらず事務局全体の運営に関与しているのではなかろうか。」「事務局が委員会の指示命令のみに従って真に独立して職務を実施しているかについては大いに疑問がある[50]」。

　このように，金子・山口は，消費者行政の監視機関として独立性が求められ

る消費者委員会の事務局に，内閣府の高官が介入し，その独立性が危ぶまれる事態であると指摘している。この点に関連して，「不招請勧誘規制を求める関西連絡会」の公開意見書『消費者委員会事務局長の応募要件等の変更に関する意見書』（2021年5月26日）は，次のような重大な懸念を訴えている。

　近年，消費者委員会委員長の命を受けて局務を掌理する消費者委員会事務局長の公募要件が変更された。当該変更以前までは，「消費者庁及び消費者委員会設置法」の付帯決議により，民間からの登用を原則としていたが，令和2年9月任用開始の公募より，応募要件が，各省庁からの人事担当課を通じた応募が可能に変更になった。これにより，民間人だけではなく一般職公務員も応募できるようになった。しかも，公務員が採用された場合は，事務局長の任期終了後に，出身省庁に復帰することが規定された。そして選考の結果，民間からの応募者は不採用となり，一般職公務員が新しい事務局長に採用された。このような事態は，政府全体の消費者行政を監視する消費者委員会の独立性を危うくする事態ではないだろうか。任期終了後に出身省庁に戻る予定の公務員が事務局長を務めたとして，自分の出身省庁に対して，資料提出要求や建議などを出す仕事が十分にできるだろうか。以上が，「不招請勧誘規制を求める関西連絡会」の指摘である。

　消費者委員会の実務の要である事務局長の一般職公務員化は，監視機関として政府自体からの独立性が求められる消費者委員会の組織的な独立性を実態的に危うくし，その監視機関としての機能を弱体化させるものであるといえるだろう。政府に職を有さない，民間人の登用への回帰が求められる。なお，消費者委員会事務局の組織体制は，2011年時点において，「事務局長」（1名）の下に「参事官」（1名），参事官の下に「企画官」（1名），企画官の下に「参事官補佐」（4名），そして，参事官補佐の下に「専門職」（1名），「専門職付」（1名），「政策調査員等」（15名），「行政実務研修員」（3名）が配置されている形であることが報告されている[51]。

　以上のような，予算不足，人員不足，独立性への危惧などの問題点を抱えるなかで，消費者委員会は，組織の実態としては，独立してその事務を完全に遂

行することはできず，主として消費者庁のサポートを受けている。第一次および第二次消費者委員会委員を務めた山口は当時，次のように述べている。「消費者庁は来春の集団的消費者被害救済訴訟制度の法案と消費者安全調査会（仮称）新設の消費者安全法改正案の策定作業に手一杯で，今は消契法改正に手がまわらない実情であることが判りました。そこで，この分野のエキスパートである消費者委員会の河上委員長のもとに10名足らずの学者弁護士チームを編成し，消契法の改正の論点を整理し，一定の方向性を示す作業を開始することにしました。」「その成果を，消費者庁にバトンタッチして，庁での法改正作業に生かされるようにしたいと思います[52]」。

　消費者委員会の事務局の人員が不足するのみならず，消費者庁もまた人員が不足しているのである。両機関の予算不足と人員不足の結果，消費者委員会が消費者庁の「下請け的業務」を担う事態まで発生したのであり，これでは監視機関としての機能を十分に発揮することはできない。消費者委員会は消費者庁の施策に対して，いわゆる「是々非々」の態度で対応しなければならない。そのためにも，委員会の独立性により深く注意が向けられるべきである。

第3項　会議運営について

　次に，消費者委員会の会議運営に関する課題について考察する。消費者委員会は合議体であり，その意思決定は委員間の合議に基づくものである。したがって，合議の実態である会議の運営のあり方に対しては，重大な関心を払わねばならないことは言うまでもない。

　消費者委員会の長であり会議運営を司る，委員長の委員からの選出は，最も基本的かつ重要な問題である。初代消費者委員会委員長の人選については，委員会発足前でありながら既に問題を抱えていたことが知られている。

　「当初政府が発表した消費者庁長官・消費者委員会委員長報道は，これまで熱心に消費者庁設置運動を続けてきた消費者団体や日弁連など関係者を大いに落胆させるものであった[53]。」「しかも，消費者庁及び消費者委員会設置法第12条によれば，『委員会に，委員長を置き，委員の互選により選任する』と定め

られている。今回の消費者委員会の委員長人事報道は，このような設置法の規定を全く無視するものであった。」「全国の消費者団体や弁護士会などから抗議あるいは再考を求める声明・意見が相次いで出された。この結果，消費者庁長官は，当初の政府の発表通り内田俊一前内閣府事務次官が任命されたが，消費者委員会の委員長に関しては，委員長に予定されていた住田裕子弁護士が委員になるのを辞退し，選任された委員の互選により松本恒雄一橋大学法科大学院長が委員長に選任されることになった[54]」。

　当時の政権が，設置法の規定を無視して予め委員長を事実上指名して内定していた訳であるが，法の趣旨を無視した人事・選考のあり方に国民的批判が向けられ，最終的に法に規定された選出方法にて委員長が決定されたのであった。独立した監視機関である消費者委員会の長が，政権・政府により指名される形で選出・任命されては，委員会の独立性はおぼつかない。法の趣旨・規定通りに委員長を選出する方法は，当然あるべき慣例として維持されるべきだろう。

　次に，消費者委員会の各委員の人選に関しては，第一次消費者委員会委員であった下谷内が，当時，次のような視点を提示している。「１期の委員は消費者団体，弁護士，学者，事業者，マスコミからとバランスの良い委員会であった。１年目を踏まえ２年目は活発な活動ができ，建議６本，提言５本，意見等14本を採択し，消費者委員会の役割を果たすことができた。今回２期目の消費者委員会の委員は消費者団体，弁護士，事業者は２名から１名となり，学識者が多く『消費者目線』でなく『学識者目線』となっているのが気にかかる[55]」。

　消費者委員会歴代委員の顔ぶれを確認すると，消費者団体，弁護士，学識経験者，事業者などからの代表が選ばれており，委員構成に多様な利害関係者を揃える一定の配慮が見受けられる。また，歴代委員長は皆，学識経験者から選ばれている（表１参照）。

　消費者問題が消費者と，消費者問題を担当する弁護士と，企業（事業者）とを当事者にするものである以上，公平な第三者として消費者委員会委員長に学識経験者が選ばれるのは肯定的に捉えるべき慣例であるといえる。但し，消費者行政が消費者の権利・利益の擁護を目的にするものであり，また，消費者個

▶表1　消費者委員会・歴代委員長（＊括弧内は主な経歴）

初代	松本　恒雄	2009年〜2011年	（一橋大学大学院法学研究科教授）
二代	河上　正二	2011年〜2017年	（東京大学大学院法学政治学研究科教授）
三代	髙　巖	2017年〜2019年	（麗澤大学経済学部教授）
四代	山本　隆司	2019年〜2021年	（東京大学大学院法学政治学研究科教授）
五代	後藤　巻則	2021年〜現職	（早稲田大学大学院法務研究科教授）

人と個別企業とを比べた場合，「情報の非対称性」その他の視点からみて後者に有利な現実は否定できないのであり，したがって，消費者委員会における消費者（団体）を代表する委員の割合を十分確保する必要があるだろう。

　消費者委員会の個別委員の職権については，既述の部分もあるが，改めて合議体（消費者委員会の本会議）との関連で考察したい。

　第一次および第二次消費者委員会委員であった山口は，次のように述べている。「私個人で担当部局に連絡して，会って協議しました。私個人で関係省庁の担当部局に連絡して，自ら出向いて聴取し協議しました。このような私の活動について，事務局から問題にされることはありました。しかし，消費者庁及び消費者委員会設置法7条には，『委員会の委員は，独立してその職権を行う』と明記されています。委員会の活動を機動的に遂行するために，事務局を通して連絡するよりも，委員自ら担当部局に連絡して，聴取し，関係省庁の意向を打診した方がよいと考えた時には，自分で連絡して面談を求めました。委員会の委員であることが判ると，どの部門でも，担当者が時間をつくって会っていただきました[56]」。

　このように，当初から消費者委員会委員の個人の職権は，制度的には未整備のまま，委員個人の裁量にて積極的に行使されていたことが窺える。つまり，委員会および同事務局の許可や委任がなくても，個人の裁量にて行使されうる職権として存在しているのである。しかし，このようなあり方は当然，合議体としての消費者委員会の本会議においては，必ずしも意見の一致を導き易いものとはならないのである。山口は，消費者委員会の運営において議論がまとま

ることの難しさを次のように述べている。

「役所特有の困難。公務員である以上守秘義務があり，政府一体性の原則を遵守しなければならない。」「オープンに議論をたたかわせて衆議一致の方向を模索するという意見のとりまとめ方は難しかった。」「委員個人として各省庁に自ら赴き情報を集め協議することがどこまでできるのか。委員たる弁護士として随分各省庁に訪問しお世話になったが，運営上，委員個人の権限は未整理のままだ[57]」。

このように，消費者委員会委員が個人の裁量で職権を行使しうるなかでも，委員長や事務局長には委員会を機能させる責任がある。具体的には，委員会の本会議運営を円滑に進める責任がある訳であるが，この点について，山口は次のように述べている。

消費者委員会の運営について，「委員長，事務局長の果たす役割が特に1期では重要でした。2期では，4人の委員が企画運営会議を開いてそこで協議しつつ進めました。ただ，予算と委員や専門調査会委員，事務局の人事については，委員は基本的にかやの外でした。」「人事については，一定の方向性を提示するまではできたものの，本質的に大臣等政務三役と事務局の権限下にありました[58]」。

消費者委員会の運営は，個人裁量で調査に動ける個別委員と，委員会全体をまとめる委員長や委員長代理等と事務局（長）と，そして，消費者行政担当の大臣以下政務三役との，この三者の相克のなかにあるといえる。この三者それぞれが果たすべき役割やその権限については，消費者の権利・利益擁護のための協働という観点から，日々整備改善を考えていく必要があるだろう。

次に，消費者委員会の下部組織（専門調査会・部会等）に対する委員会（親委員会である消費者委員会）の統制問題について考察する。

第一次消費者委員会委員で主婦連合会事務局長を務めた佐野は，次のように問題提起している。

「消費者委員会は7月8日の本会議の場で，『下部組織の会議運用の在り方に関する申し合わせ』を了承した。」「審議を采配する『議長』の強権的な権限強

化が明文化され，その内容についてもあまりに審議会を構成する委員などを蔑
視する視点でまとめられている」。「自由・かっ達な意見の封殺——，そう思わ
ざるを得ない内容である。」「議長の権限を記した部分にはこう記載されてい
る。」「・『発言者が制限時間を超えて発言し又は不穏当な言動があったときは，
議長はその者の発言を制止し又は退去させることができる』・『議長は，会議の
進行秩序を維持するために必要があると認めるときは，その秩序を乱し，又は
不穏当な言動をする者を退去させることができる』」。「この『申し合わせ』は
国の審議会を対象にしている」のであり，「『不穏当な言動』『秩序を乱す』な
どに関する具体的規定が何もない中で『退去』という重い規制を受ける委員は，
国が委嘱した各界を代表する人士である」。「しかも，『退去規程』を設けてい
るのは行政の審議会類では前代未聞である」。「この『申し合わせ』が」消費者
委員会「食品表示部会『栄養表示調査会』での『熱き議論』を前提にしてい
る」のは明らかである。「『熱き議論』とは，『トランス脂肪酸』をめぐる同調
査会オブザーバーの立石幸一食品表示部会委員の度重なる発言・質問に対し，
同調査会座長（議長）がことごとく無視し，一方的に会議を散会にしたことな
ど，一連の議論を指している。これらの議論はマスコミ紙でも報道され，その
会議運営の座長（議長）の采配が委員の意見を封殺するものとして問題となっ
た。」「『申し合わせ』には，もう一つ，審議における自由・かっ達な意見を封
殺する仕組みが盛り込まれている」。委員などが会議に提出する資料について，
「（1）会議24時間前の提出規程，（2）資料提出に関する議長権限，（3）議長に
よる事前検閲の導入を記載している。この内容は言論規制以外の何物でもな
い[59]」。

　親委員会である消費者委員会の各委員はそれぞれ，下部組織の専門調査会や
部会の長を務める。各委員は，自分が長として議長を務める各下部組織を取り
まとめ，その取りまとめられた意見を親委員会である消費者委員会の本会議に
提出し，審議・決定するという構造になっている。当然だが，下部組織にのみ
所属する，各下部組織の委員は，消費者委員会委員とは別に委嘱された各界の
専門家である。

　下部組織の委員が「自由闊達な議論」をして，下部組織の長である消費者委員会委員を困らせる事態を防ぐためにこのような「下部組織の会議運用の在り方に関する申し合わせ」を規定した訳であるが，しかし，消費者委員会下部組織が取り扱う問題は，国民・市民・消費者の生命財産に直結した重大問題である以上，議論は十分に行われなければならないだろう。

　下部組織であろうが，消費者委員会の本会議であろうが，共通して重要な点は，各消費者委員会委員・下部組織委員にそれぞれ十分な発言の時間を予め平等に与え，その上で，最終的には実際に投票を行い，多数決をもって意思決定するという規範であろう。行政における審議機関は，学会（学協会）ではない。議論は延々と続けられず，意思決定には期限がある。そうであるが故に，実際に投票を行うことで，反対者は反対票を記録に残し，賛成者は賛成票を記録に残す。このことで，各自は自らの役割を全うし，その上で，議決された案件は執行されるべきである。

　いわゆる「異議なし採決」をもって意思決定するという会議運営では，議案に対する反対意見者は，議論を通じてしか自らの立場を鮮明にできない。それ故に，意見陳述が長引き，議論が長期化し，会議運営が滞るのである。平等な意見陳述機会・時間の確保と，実際の投票行為，そして，その詳細な記録の保存こそ，消費者委員会および下部組織の会議運営に求められる規範であろう。

第3節　小括：消費者委員会とCSR・企業倫理の実現

　本章は，内閣府に設置された消費者問題に関する政府型オンブズマンといえる消費者委員会の設置経緯を考察し，そこから消費者委員会制度の趣旨・役割を明らかにした。また，消費者委員会の権限行使，組織実態，会議運営に関する課題と改善点とを明らかにした。

　以上をもって，消費者委員会のもつ機能と，同委員会の課題を明らかにしたと考えるが，最後に，消費者委員会とCSR（corporate social responsibility：企業の社会的責任）・企業倫理との関係性について考察したい。

　第三代消費者委員会委員長である髙は（表1参照），現代日本において著名なCSR・企業倫理論の研究者であるが，この事実をみても分かるように，消費者行政とCSR・企業倫理とは，関係が深い分野同士であるといえる。

　企業倫理とは，「企業におけるあらゆる意思決定に対して企業内部で統一された倫理的規準を確実に適用すること[60]」であり，現代においてCSRとは，「企業を社会的責任に対応した即応的態度と倫理的思考を有するべきものとして捉え，それらの具体的実現のために必要な要件について制度的対応が可能な存在となることを企業側に求める（企業内部および企業外部における）動き[61]」である。

　CSRや企業倫理には，消費者保護の役割がある。これらの分野は，企業（事業者）と各社会的主体（消費者も含まれる利害関係者）との間に生じる各種の問題・課題を解決し，それをもって，企業と社会との互恵的な関係の構築，社会正義や倫理の実現，そして，市民社会の発展を志向するものである。

　しかし，企業と，消費者を始めとした各種利害関係者との間の対話は，決して容易なものではない。そこで，公平な第三者である政府機関（消費者庁）がその間を取り持ち，また，各種の事業者に対する規制を実施していかなければならない。しかし，その際には，事業者も利害関係者も非常に多種多様であるため，必要な権限を政府内の単一の機関では全て十全に持ち合わせることができない。そこで，消費者庁には消費者行政に関する「総合調整機能」が与えられており，他の各官庁に対して消費者庁が，政府全体の施策を統一するための調整が実施できるようになっている。

　しかしながら，その総合調整は決して容易なものではない。また，消費者行政担当の内閣府特命担当大臣の「内閣府設置法」の規定による（他の各所管大臣に対する）「勧告」権も，内閣総理大臣の「消費者安全法」の規定による（各所管大臣に対する）「措置要求」権も，いわゆる「抜かずの宝刀」状態である。そのような中で，内閣府にある消費者委員会は，各行政機関に対して積極的に，建議，提言，意見などの発出を行っており，それはある意味において，政府内の各機関による消費者関係の施策の問題点を，消費者委員会が総合調整

しているようでもある，とも評せよう。

　およそこの世において，消費者ではない者は存在しない。消費者は国民・市民の全体であり，その意味において多様な利害関係者自身でもある。国民・市民たる「生活者」の権利・利益を守るという積極的な観点から，消費者委員会が政府内の各機関の施策を正していくことは，CSR・企業倫理の実現に重要な意味をもつであろう。

注

1　消費者行政推進会議（2008年 6 月13日）「消費者行政推進会議取りまとめ―消費者・生活者の視点に立つ行政への転換―」，14ページ
（https://www.kantei.go.jp/jp/singi/shouhisha/dai8/siryou1.pdf　2021年 3 月29日アクセス）。

2　福田康夫内閣閣議決定（2008年 6 月27日）「消費者行政推進基本計画―消費者・生活者の視点に立つ行政への転換―」，14ページ
（https://www.kantei.go.jp/jp/singi/shouhisha/kakugi/080627honbun.pdf　2021年 3 月29日アクセス）。

3　「消費者基本法」（昭和四十三年法律第七十八号）」（「総務省e-Gov法令検索」https://elaws.e-gov.go.jp/document?lawid=343AC1000000078　2021年 3 月29日アクセス）。

4　「消費者政策会議」は，消費者政策の推進，検証，評価，監視も担う。

5　「消費者庁及び消費者委員会設置法」（平成二十一年法律第四十八号）平成三十年法律第七十八号による改正（「総務省e-Gov法令検索」https://elaws.e-gov.go.jp/document?law_unique_id=421AC0000000048_20200401_430AC0000000078　2021年 3 月29日アクセス）。

6　「消費者庁設置法案，消費者庁設置法の施行に伴う関係法律の整備に関する法律案及び消費者安全法案に対する附帯決議
（衆議院https://www.shugiin.go.jp/internet/itdb_rchome.nsf/html/rchome/Futai/shohisha81281B21B0393C5F4925759B0011E804.htm　2021年 3 月29日アクセス）。

7　「消費者庁設置法案，消費者庁設置法の施行に伴う関係法律の整備に関する法律案及び消費者安全法案に対する附帯決議」
（参議院https://www.sangiin.go.jp/japanese/joho1/kousei/gian/171/pdf/k03170001

1710.pdf　2021年3月29日アクセス）。

8　松本恒雄「消費者庁・消費者委員会発足に当たって」『消費者法ニュース』第81号，消費者法ニュース発行会議，2009年10月，5－7ページ参照。

9　松本恒雄，前掲稿，6ページ。

10　細川もまた次のように述べている。「消費者安全法の規定により，内閣総理大臣に対し，必要な勧告をし，これに基づき講じた措置について報告を求める」ことができるが，これは「消費者委員会特有のものであり，類似の行政機関は存在しない」（細川幸一「消費者政策の現状と消費者庁設立の意義」『生活経営学研究』第45号，日本家政学会生活経営学部会，2010年3月，63ページ）。

11　松本恒雄，前掲稿，6ページ。

12　松本恒雄「消費者委員会の200日―果たすべき役割とその進捗状況―」『消費者情報』第411号，関西消費者協会，2010年5月，10-11ページ参照。

13　松本恒雄「消費者委員会の200日―果たすべき役割とその進捗状況―」，10ページ。

14　松本恒雄「消費者委員会の200日―果たすべき役割とその進捗状況―」，10ページ。

15　松本恒雄「消費者委員会の16か月とこれからの取り組み」『消費者法ニュース』第86号，消費者法ニュース発行会議，2011年1月，7－9ページ参照。

16　松本恒雄「消費者委員会の16か月とこれからの取り組み」，8－9ページ。

17　原早苗「第一次消費者委員会の活動および今後の消費者委員会」『現代消費者法』第13号，民事法研究会，2011年12月，10ページ。

18　金子晃・山口由紀子「消費者庁・消費者委員会の検証と今後の課題―企画・立案機能，組織のあり方について―」『現代消費者法』第13号，民事法研究会，2011年12月，25ページ。

19　扇慎太郎「消費者委員会発足後半年を経て―消費者庁との関係を中心に―」『季刊行政管理研究』第129号，行政管理研究センター，2010年3月，42ページ。

20　中村雅人「消費者委員会の役割」『消費者法ニュース』第83号，消費者法ニュース発行会議，2010年4月，5ページ。

21　松本恒雄「これからの消費者行政に求められるもの―消費者庁・消費者委員会設置のその後―」『ACAP研究所ジャーナル』第3号，消費者関連専門家会議ACAP研究所，2010年5月，7ページ。

22　松本恒雄「これからの消費者行政に求められるもの―消費者庁・消費者委員会設置のその後―」，8ページ。

23 石戸谷豊「消費者庁と消費者委員会の1年（上）―司令塔機能と監視機能をめ
ぐって―」『国民生活研究』第50巻第2号，独立行政法人国民生活センター，2010
年9月，43-62ページ参照。

24 石戸谷豊，前掲稿，56ページ

25 石戸谷豊，前掲稿，56-57ページ。

26 石戸谷豊，前掲稿，57ページ。

27 消費と生活編集部「消費者庁1周年を振り返る」『消費と生活』第295号，消費
と生活社，2010年9月，10ページ。

28 石戸谷豊「消費者委員会の取り組みと位置づけ」『消費者法ニュース』第102号，
消費者法ニュース発行会議，2015年1月，51ページ参照。

29 河上正二「消費者委員会の課題と展望」『消費者法ニュース』第103号，消費者
法ニュース発行会議，2015年4月，17ページ参照。

30 なお，以下に展開する諸課題の検討では，重複するような内容が度々表れる。
諸課題は互いに関連する要素が大きく，著者の拙い能力では概念の完全な整理が
難しい故である。ご容赦願いたい。

31 宇都宮健児「消費者庁・消費者委員会の発足と今後の課題」『消費者法ニュー
ス』第81号，消費者法ニュース発行会議，2009年10月，16ページ参照。

32 国府泰道「消費者庁・消費者委員会の検証と今後の課題」『現代消費者法』第13
号，民事法研究会，2011年12月，44ページ。

33 中村雅人「自動車リコール制度で初の建議」『消費者法ニュース』第85号，消費
者法ニュース発行会議，2010年10月，5ページ。

34 山口広「消費者委員会発足から1年の所感」『消費者法ニュース』第85号，消費
者法ニュース発行会議，2010年10月，11ページ。

35 山口広，前掲稿，12ページ。

36 平成二十一年政令第二百十六号「消費者委員会令」2条3項「委員会の議事は，
委員及び議事に関係のある臨時委員で会議に出席したものの過半数で決し，可否
同数のときは，委員長の決するところによる。」（「総務省e-Gov法令検索」https://
elaws.e-gov.go.jp/document?lawid=421CO0000000216　2022年4月19日アクセス）。

37 佐野真理子「『消費者の権利』その実現をめざして―山あり谷ありの2年間―」
『消費者法ニュース』第89号，消費者法ニュース発行会議，2011年10月，25ページ。

38 日和佐信子「消費者委員会の2年間を振り返って」『消費者法ニュース』第89
号，消費者法ニュース発行会議，2011年10月，26ページ。

39 松本恒雄「消費者庁・消費者委員会の10年と展望」『消費者法ニュース』第122

号，消費者法ニュース発行会議，2020年1月，68ページ。

40　金子晃・山口由紀子，前掲稿，23ページ。

41　中村雅人「消費者庁・消費者委員会の役割と課題」『現代消費者法』第5号，民事法研究会，2009年12月，17ページ参照。

42　中村雅人「消費者委員会の審議体制」『消費者法ニュース』第84号，消費者法ニュース発行会議，2010年7月，93ページ。

43　石戸谷豊「消費者庁・消費者委員会・国民生活センターの行方」『消費者法ニュース』第86号，消費者法ニュース発行会議，2011年1月，13ページ。

44　松本恒雄「消費者委員会の16か月とこれからの取り組み」，9ページ。

45　山口広「消費者委員会の2年間と今後」『消費者法ニュース』第89号，消費者法ニュース発行会議，2011年10月，22ページ。

46　拝師徳彦「国の消費者行政（消費者庁・消費者委員会・国民生活センター）」『現代消費者法』第45号，民事法研究会，2019年12月，20ページ。

47　中村雅人「消費者委員会の2年」『消費者法ニュース』第89号，消費者法ニュース発行会議，2011年10月，19ページ。

48　中村雅人「消費者委員会の2年」，20ページ。

49　中村雅人「消費者委員会の活動はなぜ見えないのか」『消費者法ニュース』第86号，消費者法ニュース発行会議，2011年1月，10-11ページ参照。

50　金子晃・山口由紀子，前掲稿，27ページ。

51　金子晃・山口由紀子「図1　消費者委員会事務局人員体制（現在28名）」，前掲稿，27ページ。

52　山口広「第2期　消費者委員会のスタート」『消費者法ニュース』第90号，消費者法ニュース発行会議，2012年1月，5ページ。

53　宇都宮健児，前掲稿，16ページ。

54　宇都宮健児，前掲稿，16-17ページ

55　下谷内冨士子「消費者委員会を終えて」『消費者法ニュース』第89号，消費者法ニュース発行会議，2011年10月，25ページ。

56　山口広「内閣府消費者委員会の今後」『消費者法ニュース』第98号，消費者法ニュース発行会議，2014年1月，15ページ。

57　山口広「消費者委員会の2年間と今後」，22ページ。

58　山口広「内閣府消費者委員会の今後」16ページ。

59　佐野真理子「硬直化しないで，消費者委員会」『消費者法ニュース』第101号，消費者法ニュース発行会議，2014年10月，44ページ。

60　拙著『企業倫理研究序論—経営学的アプローチと倫理学的考察—』文理閣，
　　2017年，34ページ。

61　拙著，前掲書，66ページ。

参考文献

青山理恵子「消費者庁・消費者委員会の1年に思う―ウォッチねっと1周年シンポジューム
の際の評価調査を基に―」『消費者法ニュース』第86号，消費者法ニュース発行会議，
2011年1月，32－34ページ。

青山理恵子「消費者庁・消費者委員会・国民生活センターの徳島県移転について反対しま
す」『消費者法ニュース』第107号，消費者法ニュース発行会議，2016年4月，75ページ。

浅見淳「消費者庁構想の行方とその功罪」金融財政事情研究会『月間 消費者信用』第26巻第
7号，2008年7月，39－43ページ。

阿南久「行政への信頼，再構築がかかる」『月刊国民生活』第17号，独立行政法人国民生活
センター，2009年9月，27－28ページ。

阿南久「消費者庁創設と消費者団体の課題」『生活協同組合研究』第405号，生協総合研究
所，2009年10月，22－27ページ。

阿南久「消費者庁《特別》インタビュー 大きな期待と，求められるさらなる役割」『時評』
第52巻第2号，時評社，2010年2月，108－113ページ。

阿南久「くらしの現場からつくる消費者行政に！」『消費者法ニュース』第94号，消費者法
ニュース発行会議，2013年1月，15－16ページ。

阿南久「ロングインタビュー 消費者庁長官阿南久氏に聞く―日々の生活の実感"消費者目
線"を政策へ―」『消費と生活』第309号，消費と生活社，2013年1月，22－25ページ。

阿南久「食品表示法に取り組んで」『消費者法ニュース』第97号，消費者法ニュース発行会
議，2013年10月，26－27ページ。

阿南久「消費者庁と『消費者市民社会』の形成―消費者庁創設10周年に寄せて―」『生活協
同組合研究』第527号，生協総合研究所，2019年12月，5－12ページ。

阿南久・磯部浩一「消費者庁長官へのインタビュー」『生活協同組合研究』第454号，生協総
合研究所，2013年11月，5－12ページ。

阿南久・清水信次「特別対談 国民と消費者生活の未来に向けて―消費者庁と生団連は志を一
つにし，消費者生活の向上を目指す―」『時評』第55巻第4号，時評社，2013年4月，74
－85ページ。

阿部美雪「地方消費者行政強化作戦2020策定について―消費生活相談・消費者教育は，地方
消費者行政の基幹事務―」『消費者法ニュース』第121号，消費者法ニュース発行会議，
2019年10月，39－40ページ。

有田芳子「G20消費者政策国際会合（9/5～6 於・徳島）傍聴報告」『生活協同組合研究』
第527号，生協総合研究所，2019年12月，61－65ページ。

安藤健介「独立行政法人国民生活センターについて」『消費者法ニュース』第96号，消費者
法ニュース発行会議，2013年7月，150ページ。

飯田秀男「消費者庁設置と国民生活センターの合理化問題」『消費者法ニュース』第74号，
消費者法ニュース発行会議，2008年1月，20－22ページ。

飯田秀男「議論を尽くせなかった専門調査会―地方消費者行政専門調査会報告書を読み解く

―」『消費者法ニュース』第126号，消費者法ニュース発行会議，2021年 1 月，36ページ。

飯村久美子「基本計画工程表に関する検証・評価・監視について」『消費者法ニュース』第116号，消費者法ニュース発行会議，2018年 7 月，127－128ページ。

池田清治「消費者庁および消費者委員会の設置の意義と経緯―消費者行政の変遷と各国の動向―」『現代消費者法』第 5 号，民事法研究会，2009年12月，4 －12ページ。

池本誠司「地方消費者行政活性化の到達点と課題」『消費者法ニュース』第81号，消費者法ニュース発行会議，2009年10月，26－28ページ。

池本誠司「『地方消費者行政強化プラン』と今後の取組」『消費者法ニュース』第83号，消費者法ニュース発行会議，2010年 4 月，16－17ページ。

池本誠司「地方消費者行政の強化と地方分権改革」『消費者法ニュース』第86号，消費者法ニュース発行会議，2011年 1 月，19－21ページ。

池本誠司「国民生活センターの在り方見直しの動向と課題―タスクフォースから検証会議中間整理へ―」『消費者法ニュース』第90号，消費者法ニュース発行会議，2012年 1 月，18－21ページ。

池本誠司「地方消費者行政の今後の展開―活性化基金後の国の財政措置と消費生活相談員の資格制度・処遇改善―」『消費者法ニュース』第93号，消費者法ニュース発行会議，2012年10月，40－43ページ。

池本誠司「地方消費者行政充実の取組と消費者教育推進法の課題」『消費者法ニュース』第95号，消費者法ニュース発行会議，2013年 4 月，33－35ページ。

池本誠司「地方消費者行政強化の新たな段階へ」『消費者法ニュース』第101号，消費者法ニュース発行会議，2014年10月，46－49ページ。

池本誠司「消費者委員会を消費者被害の現場から動かそう」『消費者法ニュース』第105号，消費者法ニュース発行会議，2015年10月，36ページ。

池本誠司「消費者委員会の建議・意見と法制度改正の動向」『消費者法ニュース』第108号，消費者法ニュース発行会議，2016年 7 月，90－93ページ。

池本誠司「最近の課題から―消費者側の意見表明に期待―」『消費者法ニュース』第109号，消費者法ニュース発行会議，2016年10月，58－60ページ。

池本誠司「消費者委員会 最近の取組課題―成年年齢引下げに伴う若年者保護策―」『消費者法ニュース』第110号，消費者法ニュース発行会議，2017年 1 月，80－81ページ。

池本誠司「消費者委員会 最近の取組課題から」『消費者法ニュース』第113号，消費者法ニュース発行会議，2017年10月，40－42ページ。

池本誠司「第 5 次消費者委員会動き出す」『消費者法ニュース』第114号，消費者法ニュース発行会議，2018年 1 月，51ページ。

池本誠司「専門調査会・ワーキンググループが動き出す」『消費者法ニュース』第115号，消費者法ニュース発行会議，2018年 4 月，63－65ページ。

池本誠司「主な検討課題の議論状況」『消費者法ニュース』第116号，消費者法ニュース発行会議，2018年 7 月，126ページ。

池本誠司「検討課題の議論状況と今後の論点」『消費者法ニュース』第117号，消費者法ニュース発行会議，2018年10月，20－23ページ。

池本誠司「公益通報者保護専門調査会報告書，その他の課題の検討状況」『消費者法ニュース』第119号，消費者法ニュース発行会議，2019年4月，78-80ページ。

池本誠司「消費者被害救済から未然防止の法改正，そして消費者庁・消費者委員会の創設と参画へ」『自由と正義』第70巻第4号，日本弁護士連合会，2019年4月，5-7ページ。

池本誠司「最近の主要な提言と検討状況」『消費者法ニュース』第120号，消費者法ニュース発行会議，2019年7月，117-121ページ。

池本誠司「消費生活相談におけるあっせんの位置づけ」『消費者法ニュース』第121号，消費者法ニュース発行会議，2019年10月，164-167ページ。

池本誠司「地方消費者行政の自主財源の確保―基準財政需要額と自主財源比率―」『消費者法ニュース』第121号，消費者法ニュース発行会議，2019年10月，44-47ページ。

池本誠司「販売預託商法（現物まがい商法）に対する法整備のあり方」『消費者法ニュース』第121号，消費者法ニュース発行会議，2019年10月，27-30ページ。

池本誠司「20年後の地方消費者行政に向けた課題―地方消費者行政専門調査会報告書の受け止めと課題―」『消費者法ニュース』第126号，消費者法ニュース発行会議，2021年1月，32-35ページ。

石戸谷豊「消費者庁と消費者委員会の誕生（上）―消費者庁関連3法の成立―」『国民生活研究』第49巻第2号，独立行政法人国民生活センター，2009年9月，1-23ページ。

石戸谷豊「消費者庁への期待」『月刊国民生活』第17号，独立行政法人国民生活センター，2009年9月，25-26ページ。

石戸谷豊「消費者庁と消費者委員会の誕生（下）―地方消費者行政の強化を目指して―」『国民生活研究』第49巻第3号，独立行政法人国民生活センター，2009年12月，1-23ページ。

石戸谷豊「消費者庁と消費者委員会の半年」『消費者法ニュース』第83号，消費者法ニュース発行会議，2010年4月，6-8ページ。

石戸谷豊「消費者庁と消費者委員会の1年（上）―司令塔機能と監視機能をめぐって―」『国民生活研究』第50巻第2号，独立行政法人国民生活センター，2010年9月，43-62ページ。

石戸谷豊「消費者庁と消費者委員会の1年（下）―超党派合意と附則をめぐって―」『国民生活研究』第50巻第3号，独立行政法人国民生活センター，2010年12月，1-20ページ。

石戸谷豊「消費者庁・消費者委員会・国民生活センターの行方」『消費者法ニュース』第86号，消費者法ニュース発行会議，2011年1月，12-13ページ。

石戸谷豊「原点としての消費者庁国会の超党派合意」『消費者法ニュース』第90号，消費者法ニュース発行会議，2012年1月，9-11ページ。

石戸谷豊「押し寄せる規制改革と消費者委員会」『消費者法ニュース』第98号，消費者法ニュース発行会議，2014年1月，18-20ページ。

石戸谷豊「押し寄せる規制改革（その2）」『消費者法ニュース』第99号，消費者法ニュース発行会議，2014年4月，36-38ページ。

石戸谷豊「消費者委員会から」『消費者法ニュース』第100号，消費者法ニュース発行会議，2014年7月，125-130ページ。

石戸谷豊「消費者委員会から」『消費者法ニュース』第101号，消費者法ニュース発行会議，2014年10月，40-43ページ。

石戸谷豊「消費者委員会の取り組みと位置づけ」『消費者法ニュース』第102号，消費者法
　ニュース発行会議，2015年1月，51-53ページ。

石戸谷豊「消費者委員会から」『消費者法ニュース』第103号，消費者法ニュース発行会議，
　2015年4月，23-26ページ。

石戸谷豊「消費者委員会から」『消費者法ニュース』第104号，消費者法ニュース発行会議，
　2015年7月，110-113ページ。

石戸谷豊「消費者委員会から（第3期最終）」『消費者法ニュース』第105号，消費者法ニュー
　ス発行会議，2015年10月，34-35ページ。

石戸谷豊「消費者庁問題の原点を問う移転問題」『消費者法ニュース』第107号，消費者法
　ニュース発行会議，2016年4月，78ページ。

石戸谷豊「消費者庁職員—ジャパンライフの天下り問題」『消費者法ニュース』第123号，消
　費者法ニュース発行会議，2020年4月，4-6ページ。

石戸谷豊「消費者庁は司令塔機能を発揮していない—第4期消費者基本計画の問題点—」『消
　費者法ニュース』第123号，消費者法ニュース発行会議，2020年4月，12-13ページ。

石戸谷豊「改正預託法附帯決議と消費者委員会の動き—消費者庁の解散命令に関連して—」
　『消費者法ニュース』第132号，消費者法ニュース発行会議，2022年7月，132ページ。

伊勢昌弘「消費者庁長官・消費者委員長人事に関する会長声明」秋田弁護士会，2009年7月
　8日。

磯辺浩一「消費者裁判手続特例法制定に至る運動と現在の到達点。今後への期待」『生活協
　同組合研究』第527号，生協総合研究所，2019年12月，30-37ページ。

磯村浩子・神山久美・釘宮悦子・戸部依子・松島一恵・宮園由紀代「消費者庁の消費者基本
　計画の検証・評価の在り方を考える＜2014年＞—消費者利益を関係省庁や消費者団体と協
　働して実現するために—」『消費生活研究：消費生活をめぐる諸問題』第16巻第1号，日
　本消費生活アドバイザー・コンサルタント協会NACS消費生活研究所，2014年，5-18
　ページ。

井田雅貴「消費者裁判手続特例法改正について」『消費者法ニュース』第132号，消費者法
　ニュース発行会議，2022年7月，175-177ページ。

伊藤明子「消費者庁発足10周年—デジタル化，グローバル化を見据えた消費者行政の推進と
　安全・安心の確保に向けて—」『公正取引』第830号，公正取引協会，2019年12月，4-9
　ページ。

糸田省吾「消費者庁のさっそくの課題」『時評』第51巻第9号，時評社，2009年9月，88-
　93ページ。

糸田省吾「進化し続ける景品表示行政—消費者庁での10年目を迎えて—」『公正取引』第816
　号，公正取引協会，2018年10月，16-21ページ。

井上拓也「消費者団体の国際比較—比較の中の日本の消費者団体—」『生活協同組合研究』
　第405号，生協総合研究所，2009年10月，28-34ページ。

稲生奈実「消費者委員会事務局からの報告」『消費者法ニュース』第98号，消費者法ニュー
　ス発行会議，2014年1月，27-41ページ。

稲生奈実「消費者行政における執行力の充実に関する提言—地方における特商法の執行力の

充実に向けて―」『消費者法ニュース』第114号，消費者法ニュース発行会議，2018年1月，52-53ページ。

伊吹健人「消費者法（取引分野）におけるルール形成の在り方等に関する消費者委員会意見―消費者法分野におけるルール形成の在り方等検討ワーキング・グループ報告書を受けて―」『消費者法ニュース』第121号，消費者法ニュース発行会議，2019年10月，32-33ページ。

伊従寛「消費者庁法案は全面的に見直すべき」『国際商業』第42巻第4号，国際商業出版，2009年4月，130-137ページ。

岩波祐子「内閣・消費者問題等に関する主要論点―生前退位，消費者庁移転，公益通報者法改正，食品表示ほか―」『立法と調査』第384号，参議院事務局，2017年1月，3-19ページ。

「インタビュー 消費者庁長官阿南久さん 消費者市民社会に向けて―消費者基本法10周年の節目に―」『女性展望』第666号，市川房枝記念会女性と政治センター出版部，2014年2月，2-5ページ。

植田勝博「『遺伝子組換食品』の欺瞞的表示制度―消費者の選択の権利を奪う消費者庁―」『消費者法ニュース』第123号，消費者法ニュース発行会議，2020年4月，10-11ページ。

植田武智「ファンケル『えんきん』でわかった消費者庁の忖度」『週刊金曜日』第25巻第35号，金曜日，2017年9月，24-25ページ。

上畑孝美「相談現場におけるあっせんの重要性と消費者行政におけるその意義について」『消費者法ニュース』第121号，消費者法ニュース発行会議，2019年10月，168-169ページ。

宇賀克也「消費者庁関連3法の行政法上の意義と課題」『ジュリスト』第1382号，有斐閣，2009年7月，19-36ページ。

宇賀克也「消費者安全法，消費生活用製品安全法の執行状況と課題」『現代消費者法』第13号，民事法研究会，2011年12月，31-40ページ。

内田俊一「『一元化』の現状と課題，今後について」『消費者情報』第411号，関西消費者協会，2010年5月，8-9ページ。

宇都宮健児「今こそ全国的な『消費者庁』設置運動を呼びかける」『消費者法ニュース』第75号，消費者法ニュース発行会議，2008年4月，4-7ページ。

宇都宮健児「消費者庁長官・消費者委員会委員長人事に異議あり」『週刊金曜日』第759号，金曜日，2009年7月，33ページ。

宇都宮健児「消費者庁・消費者委員会の発足と今後の課題」『消費者法ニュース』第81号，消費者法ニュース発行会議，2009年10月，15-17ページ。

浦郷由季・有田芳子・長見萬里野・磯田朋子・池田京子・飯田秀男「消費者庁・消費者委員会に期待を込めて物申す」『生活協同組合研究』第527号，生協総合研究所，2019年12月，46-55ページ。

英洲一人「視界不良で船出する新生『消費者庁』の行方」『国際商業』第42巻第9号，国際商業出版，2009年9月，12-15ページ。

江島裕一郎「食品衛生行政に関する消費者庁の取組」『食料と安全』第9巻第4号，全国瑞穂食糧検査協会，2011年4月，18-23ページ。

枝窪歩夢「スタートした国民生活センターのADR」『Business Law Journal』第2巻第9号，レクシスネクシス・ジャパン，2009年9月，77－79ページ。

遠藤賢一・田中祥子・片山雅博「消費者庁関連3法の成立とその課題」『Research Bureau論究』第6号，衆議院調査局，2009年12月，272－283ページ。

及川和久「消費者庁の発足と課題─国民生活センター一元化議論・地方消費者行政・消費者教育を中心として─」『レファレンス』第61巻第8号，国立国会図書館調査及び立法考査局，2011年8月，73－91ページ。

及川昭伍「日本の消費者行政の歩みと課題─消費者の権利のための闘い─」『消費者法ニュース』第83号，消費者法ニュース発行会議，2010年4月，9－11ページ。

及川昭伍「安倍政権は生活者重視を放棄するのか─消費庁等の徳島移転問題─」『消費者法ニュース』第107号，消費者法ニュース発行会議，2016年4月，82ページ。

及川昭伍「消費者庁・消費者委員会10周年を迎えて─日本の消費者行政50年の歴史を踏まえての評価と課題─」『消費者法ニュース』第122号，消費者法ニュース発行会議，2020年1月，65－66ページ。

扇慎太郎「消費者委員会発足後半年を経て─消費者庁との関係を中心に─」『季刊行政管理研究』第129号，行政管理研究センター，2010年3月，40－46ページ。

大阪クレサラ・貧困被害をなくす会（いちょうの会）（代表幹事・弁護士・植田勝博，代表幹事・司法書士・堀泰夫）「消費者庁・消費者委員会・国民生活センターの地方移転に反対する意見書」2016年2月13日。

大迫惠美子「委員会の建議を受け止めようとしない消費者庁」『消費者法ニュース』第123号，消費者法ニュース発行会議，2020年4月，6－8ページ。

大髙利之「消費者委員会事務局からの報告─クラウドファンディングに係る制度整備に関する意見─」『消費者法ニュース』第99号，消費者法ニュース発行会議，2014年4月，38－42ページ。

大羽宏一「消費者庁新設と消費者の安全（平成21年度尚絅公開講座講義録 人間探求─今を輝くために─）」『尚絅公開講座講義録2009年度』尚絅学園，2009年9月，56－66ページ。

大羽宏一「消費者庁の新設と企業活動のあり方」『予防時報』第242号，日本損害保険協会，2010年，22－27ページ。

大羽宏一編『消費者庁誕生で企業対応はこう変わる』日本経済新聞出版社，2009年10月。

大橋照枝「消費社会論の視点から持続可能な地球社会の構成員として"生活者"のあり方を展望する」麗澤大学経済学会『麗澤学際ジャーナル』第16巻第2号，2008年9月，23－34ページ。

大森景一「海外の内部通報者保護法制の動向と公益通報者保護法改正における視点」『消費者法ニュース』第119号，消費者法ニュース発行会議，2019年4月，97－99ページ。

大森隆「大阪府における消費者基本計画策定作業について」『消費者法ニュース』第101号，消費者法ニュース発行会議，2014年10月，35－37ページ。

岡田幹治「消費者庁と消費者委員会が発足─真に消費者を守る組織を目指せ─」『週刊金曜日』第766号，金曜日，2009年9月，24－25ページ。

岡村和美「消費者庁設置10年目を迎えるに当たって─『誰一人取り残されない』社会の実現

を目指して―」『公正取引』第816号，公正取引協会，2018年10月，3－7ページ。

小木紀親・吉田有希「消費者教育の必要性と企業における消費者教育のあり方」『公正取引』第816号，公正取引協会，2018年10月，22－25ページ。

奥田貢司「消費者庁の動向について―景品表示法違反の第一号事例について―」環境管理技術研究会『環境管理技術』第27巻第6号，2009年12月，43－45ページ。

小倉正行「政府の『食の安全・安心対策』で国民の期待に応えられるか―『消費者庁（仮称）』構想の問題点―」日本共産党中央委員会『前衛』第834巻，2008年9月，47－57ページ。

小田直子「消費者安全調査委員会の活動」『消費者法ニュース』第106号，消費者法ニュース発行会議，2016年1月，59－61ページ。

小田典靖「独立行政法人国民生活センター法等の一部を改正する法律について」『消費者法ニュース』第112号，消費者法ニュース発行会議，2017年7月，101－103ページ。

小田典靖「独立行政法人国民生活センター法等の一部を改正する法律について」『消費者法ニュース』第114号，消費者法ニュース発行会議，2018年1月，48－49ページ。

小田典靖「消費者庁からの報告」『消費者法ニュース』第116号，消費者法ニュース発行会議，2018年7月，122－123ページ。

「『お試し価格・定期購入商法』で意見書：京都消費者契約ネットワーク 消費者庁長官ほかに」『公正取引情報』第2708号，競争問題研究所，2020年2月，9－12ページ。

尾原知明「地方消費者行政の充実・強化に向けた取組」『消費者法ニュース』第116号，消費者法ニュース発行会議，2018年7月，124－125ページ。

垣田達哉『ちゃんと働け！消費者庁』リサージュ出版，2009年。

垣田達哉「『週刊新潮』の『トクホの大嘘』特集に対する消費者委員会と消費者庁の温度差」『週刊金曜日』第25巻第17号，金曜日，2017年5月，59ページ。

柿野成美「6.23消費者委員会10周年記念シンポジウム　SDGsと消費者教育の推進」『消費者法ニュース』第121号，消費者法ニュース発行会議，2019年10月，150ページ。

片山貴順「次期消費者基本計画案策定に向けての意見」『消費者法ニュース』第123号，消費者法ニュース発行会議，2020年4月，49－50ページ。

片山登志子「第6次消費者委員会の活動開始にあたって」『消費者法ニュース』第121号，消費者法ニュース発行会議，2019年10月，31ページ。

片山登志子「第6次消費者委員会のご報告」『消費者法ニュース』第122号，消費者法ニュース発行会議，2020年1月，75ページ。

片山登志子「第6次消費者委員会からのご報告」『消費者法ニュース』第123号，消費者法ニュース発行会議，2020年4月，48－49ページ。

片山登志子「第6次消費者委員会からのご報告」『消費者法ニュース』第124号，消費者法ニュース発行会議，2020年7月，132－133ページ。

片山登志子「第6次消費者委員会からのご報告―『悪質なお試し商法』に関する意見」を消費者庁に提出しました―『消費者法ニュース』第125号，消費者法ニュース発行会議，2020年10月，84－85ページ。

片山登志子「第6次消費者委員会からのご報告―「フィッシング問題への取組に関する意

　見」を発出しました―」『消費者法ニュース』第126号，消費者法ニュース発行会議，2021
　　年1月，27−28ページ。

片山登志子「第6次消費者委員会からのご報告―『特定商取引法及び預託法における契約書
　　面等の電磁的方法による提供についての建議』を発出しました―」『消費者法ニュース』
　　第127号，消費者法ニュース発行会議，2021年4月，52−54ページ。

片山登志子「第6次消費者委員会からのご報告―『消費者基本計画及び工程表の改定素案
　　（令和3年3月）に対する意見』を発出しました―」『消費者法ニュース』第128号，消費
　　者法ニュース発行会議，2021年7月，88−89ページ。

片山登志子「第6次消費者委員会からのご報告―二つのワーキング・グループから報告書が
　　提出されました―」『消費者法ニュース』第129号，消費者法ニュース発行会議，2021年10
　　月，64−65ページ。

片山善博「消費者庁設置よりも『非消費者省』をたたき直せ」『世界』第792号，岩波書店，
　　2009年6月，197−199ページ。

加藤進一朗「消費者被害の実態と消費者行政の役割―自主交渉原則論への違和感―」『消費
　　者法ニュース』第125号，消費者法ニュース発行会議，2020年10月，94−96ページ。

加藤了嗣「『内閣府消費者委員会「いわゆる『販売預託商法』に関する消費者問題について
　　の建議」及び「いわゆる『販売預託商法』に関する消費者問題についての消費者委員会意
　　見」についての意見書』についての意見書」『消費者法ニュース』第123号，消費者法
　　ニュース発行会議，2020年4月，53−54ページ。

金子晃・山口由紀子「消費者庁・消費者委員会の検証と今後の課題―企画・立案機能，組織
　　のあり方について―」『現代消費者法』第13号，民事法研究会，2011年12月，20−30ペー
　　ジ。

金子芳文「消費者行政活性化のため地方支援の拡充を」『月刊国民生活』第17号，独立行政
　　法人国民生活センター，2009年9月，29−30ページ。

釜井英法「地方消費者行政専門調査会事務局報告書骨子案に対する意見」『消費者法ニュー
　　ス』第126号，消費者法ニュース発行会議，2021年1月，37−39ページ。

上岡洋晴「機能性表示食品制度におけるシステマティック・レビュー――消費者庁による検証
　　事業の前後比較評価―」日本農芸化学会会誌『化学と生物』第57巻第10号，2019年10月，
　　601−608ページ。

神山美智子「食品安全委員会は何をしているのか―『消費者庁』より先にやることがある
　　―」『世界』第778号，岩波書店，2008年5月，111−119ページ。

河上正二「消費者委員会の課題と展望」『消費者法ニュース』第103号，消費者法ニュース発
　　行会議，2015年4月，16−18ページ。

河上正二「消費者委員会 徳島県による消費者庁等の移転の提案について」『ジュリスト』第
　　1498号，有斐閣，2016年10月，84−85ページ。

河上正二『消費者委員会の挑戦―消費者の安全・安心への処方箋を求めて―』信山社，2017
　　年。

河上正二「消費者法と消費者政策―この10年を振り返って―」『生活協同組合研究』第527
　　号，生協総合研究所，2019年12月，13−20ページ。

川口惠子「消費者庁新設と地方の消費者行政—熊本にみる消費者行政の展開—（平成21年度
尚絅公開講座講義録 人間探求—今を輝くために—）」『尚絅公開講座講義録2009年度』尚絅
学園，2009年 9 月，68－78ページ。

川口康裕「消費者庁（仮称）の創設に向けた経緯と今後の課題について」『消費者法ニュー
ス』第77号，消費者法ニュース発行会議，2008年10月，25－27ページ。

川口康裕「消費者庁関連法制の動向」『NBL』第896号，商事法務，2009年 1 月，73－75ペー
ジ。

川口康裕「消費者安全法の改正について」『消費者法ニュース』第101号，消費者法ニュース
発行会議，2014年10月，30－32ページ。

川口康裕「消費者庁関連 3 法案の策定とその成立過程について」『名古屋大学法政論集』第
270号，名古屋大学大学院法学研究科，2017年 2 月， 1 －22ページ。

河村真紀子「消費者行政の軽視は地方創生に逆行する」『消費者法ニュース』第107号，消費
者法ニュース発行会議，2016年 4 月，76ページ。

河村真紀子「消費者庁の10年と展望」『消費者法ニュース』第122号，消費者法ニュース発行
会議，2020年 1 月，70－72ページ。

北島孝紀・月報編集部「インタビュー 消費者行政の『舵取り役』として，消費者が主役と
なって，安全・安心，豊かに暮らせる社会に—消費者庁の業務を紹介—」『人事院月報』
第809号，日経印刷，2017年 1 月，37－40ページ。

紀藤正樹「消費者庁設置に向けたＦＴＣ訪問報告」『消費者法ニュース』第77号，消費者法
ニュース発行会議，2008年10月，19－24ページ。

紀藤正樹「国民生活センターとの一元化にばかりかまけた消費者庁の失策—安愚楽被害，茶
のしずく被害から見た消費者庁の問題性—」『消費者法ニュース』第90号，消費者法ニュー
ス発行会議，2012年 1 月，11－14ページ。

木村達也「『消費者庁』の成立を手放しで喜べるか」『消費者法ニュース』第81号，消費者法
ニュース発行会議，2009年10月，14ページ。

木村達也「『消費者に武器を』消費者庁設置へ—1989年第32回日弁連人権大会in松江—」『消
費者法ニュース』第125号，消費者法ニュース発行会議，2020年10月，235－237ページ。

木村達也（代表幹事・弁護士）「消費者の権利擁護のための消費者庁長官・消費者委員会委
員長の人選を求める緊急声明」全国クレジット・サラ金問題対策協議会，2009年 7 月 6 日。

木村達也（代表幹事・弁護士）「消費者委員会設立準備会参与代表住田裕子弁護士に関する
公開質問状」全国クレジット・サラ金問題対策協議会，2009年 7 月 9 日。

熊埜御堂武敬「消費者庁及び消費者委員会の設置について」『季刊行政管理研究』第127号，
行政管理研究センター，2009年 9 月，35－44ページ。

倉田保雄「消費者行政の統一的・一元的推進に向けた法制の整備—消費者庁設置法等 3 法律
案—」参議院事務局『立法と調査』第287号，2008年10月， 3 －12ページ。

黒木和彰「日本弁護士連合会消費者問題対策委員会の活動について」『消費者法ニュース』
第124号，消費者法ニュース発行会議，2020年 7 月，135－136ページ。

黒木和彰「第 7 次消費者委員会からの報告」『消費者法ニュース』第130号，消費者法ニュー
ス発行会議，2022年 1 月，17－19ページ。

黒木和彰「第7次『消費者委員会からの報告』」『消費者法ニュース』第131号，消費者法ニュース発行会議，2022年4月，34－35ページ。

黒木和彰「消費者委員会報告」『消費者法ニュース』第132号，消費者法ニュース発行会議，2022年7月，128－129ページ。

黒木理恵「消費者庁・消費者委員会の発足とその取組みについて」『日本女性法律家協会会報』第48号，日本女性法律家協会，2010年11月，108－111ページ。

黒木理恵「消費者庁における事故調査機関の在り方に関する取り組み」『消費者法ニュース』第89号，消費者法ニュース発行会議，2011年10月，5－6ページ。

黒木理恵・二之宮義人・蟹瀬令子「消費者委員会事務局長 やってみて／なってみて―消費者委員会委員と新旧事務局長の鼎談―」『消費者法ニュース』第118号，消費者法ニュース発行会議，2019年1月，28－31ページ。

黒田岳士「消費者庁の発足とその概要について」『信用金庫』第64巻第4号，全国信用金庫協会，2010年4月，26－30ページ。

現代公益学会編『SDGsとパンデミックに対応した公益の実現』文眞堂，2022年。

現代消費者法編集部編『消費者庁法令集―解説・関連三法・政令・府令・所管法―』民事法研究会，2009年。

公益社団法人全国消費生活相談員協会「消費者庁と国民生活センターと消費者委員会の徳島県移転についての要望書」2015年11月10日。

鴻上喜芳「消費者庁設置の影響と企業のリスクマネジメント」『危険と管理=Risk and management : RM双書』第41号，日本リスクマネジメント学会，2010年3月，148－164ページ。

纐纈美千世「消費者置き去りの議論―消費者庁等の徳島県移転問題を考える―」『消費者法ニュース』第107号，消費者法ニュース発行会議，2016年4月，77ページ。

国府泰道「地方消費者行政の課題解決のために」『消費者法ニュース』第81号，消費者法ニュース発行会議，2009年10月，24－26ページ。

国府泰道「地方消費者行政の課題と展望」『消費者情報』第405号，関西消費者協会，2009年10月，16－17ページ。

国府泰道「消費者庁・消費者委員会の検証と今後の課題」『現代消費者法』第13号，民事法研究会，2011年12月，41－48ページ。

国府泰道「充実した消費者庁を期待する」『消費者法ニュース』第94号，消費者法ニュース発行会議，2013年1月，17ページ。

国府泰道「『地方消費者行政強化作戦2020策定に関する懇談会取りまとめ』について」『消費者法ニュース』第121号，消費者法ニュース発行会議，2019年10月，34－35ページ。

国府泰道（世話人代表）飯田秀男・二之宮義人・野々山宏・堀泰夫（以上全て世話人）「消費者庁長官，消費者委員会委員長の人選の再考を求める」（声明）新しい消費者行政を実現する連絡会，2009年6月29日。

国民生活審議会消費者政策部会「国民生活センターのあり方」2008年3月24日（http://www.consumer.go.jp/seisaku/shingikai/21bukai9/hokokusyo.pdf　2018年4月17日アクセス）。

国民生活審議会総合企画部会「『生活安心プロジェクト』行政のあり方総点検―消費者・生活者を主役とした行政への転換に向けて―」2008年3月27日（http://www.kantei.go.jp/jp/singi/shouhisha/dai4/04siryou1_hontai.pdf　2018年4月17日アクセス）。

「国民生活センターが発展的解消し消費者庁へ移管　消費者行政強化へ機能を国に一元化」『週刊農林』第2118号，農林出版社，2011年5月，12‒13ページ。

小島淳子「消費生活センターをSDGsの発信基地へ」『消費者法ニュース』第127号，消費者法ニュース発行会議，2021年4月，169‒171ページ。

後藤巻則「消費者委員会の今後の取組み」『消費者法ニュース』第130号，消費者法ニュース発行会議，2022年1月，15‒16ページ。

小林嬌一「急ピッチで進む消費者庁創設―消費者の長年の悲願達成へ―」『消費と生活』第282巻，消費と生活社，2008年7月，30‒33ページ。

小林真一郎「消費者庁及び消費者委員会設置後の消費者行政の評価と課題」『公正取引』第816号，公正取引協会，2018年10月，12‒15ページ。

小林真一郎「『地方消費者行政強化作戦2020』の策定に向けて」『消費者法ニュース』第121号，消費者法ニュース発行会議，2019年10月，36‒38ページ。

小林達子・和田英子・鈴木裕美（以上全て代表）「消費者庁長官・消費者委員会委員長の人選について」（声明）新しい消費者行政を創る宮城ネットワーク，2009年6月30日。

小堀厚司「消費者安全調査委員会の1年」『電子情報通信学会技術研究報告』（信学技報）第113巻第302号，一般社団法人電子情報通信学会，2013年11月，13‒15ページ。

齋藤憲道編著『消費者庁―消費者目線で新時代の経営を創る―』商事法務，2009年。

堺次夫「消費者庁設置で悪徳商法は追放できるか―悪徳商法追及活動現場からの注文―」国際短期大学『国際短期大学紀要』第24号，2009年，43‒57ページ。

榊原英資「【正論】なぜいま，『消費者庁』なのか」産経新聞，2008年7月28日。

榊山彩子「2021.2.4『特定商取引法及び預託法における契約書面等の電磁的方法による提供についての建議』」『消費者法ニュース』第127号，消費者法ニュース発行会議，2021年4月，55‒57ページ。

坂倉忠夫「消費者庁に期待すること―消費者志向経営の推進と表示行政―」『公正取引』第795号，公正取引協会，2017年1月，46‒50ページ。

坂下俊輔「第7次消費者委員会における消費者基本計画の検証・評価・監視について」『消費者法ニュース』第132号，消費者法ニュース発行会議，2022年7月，130‒131ページ。

坂田進・松尾敬子・滝紀世武「訪問　消費者庁」『人間生活工学』第12巻第1号，人間生活工学研究センター，2011年3月，87‒89ページ。

佐久間雄二郎「消費者，消費者団体の果たすべき役割について」『消費者法ニュース』第81号，消費者法ニュース発行会議，2009年10月，23ページ。

櫻井敬子「消費者庁および消費者委員会」『自治実務セミナー』第48巻第7号，第一法規，2009年7月，4‒7ページ。

笹路健「詐欺的な定期購入商法への対応と信頼に根差した通信販売市場の重要性」『消費者法ニュース』第126号，消費者法ニュース発行会議，2021年1月，24‒26ページ。

佐野真理子「開かれた行動する消費者委員会に」『消費者法ニュース』第81号，消費者法

ニュース発行会議，2009年10月，13ページ。

佐野真理子「消費者問題のこれから―『消費者庁体制』は何をもたらすか―」『ACAP研究所ジャーナル』第3号，消費者関連専門家会議ACAP研究所，2010年5月，29−35ページ。

佐野真理子「『消費者の権利』その実現をめざして―山あり谷ありの2年間―」『消費者法ニュース』第89号，消費者法ニュース発行会議，2011年10月，24−25ページ。

佐野真理子「硬直化しないで，消費者委員会」『消費者法ニュース』第101号，消費者法ニュース発行会議，2014年10月，43−45ページ。

佐野真理子「問われる消費者委員会」『消費者法ニュース』第102号，消費者法ニュース発行会議，2015年1月，56−59ページ。

佐野真理子「問われる消費者庁の存在意義―食品表示制度から―」『消費者法ニュース』第123号，消費者法ニュース発行会議，2020年4月，8−9ページ。

志賀直人「消費者委員会の活動報告（2012年3月−6月）」『消費者法ニュース』第92号，消費者法ニュース発行会議，2012年7月，117−119ページ。

志賀直人「消費者委員会の活動報告と広報の取組について（2012年7月−9月）」『消費者法ニュース』第93号，消費者法ニュース発行会議，2012年10月，35−37ページ。

志賀直人「消費者委員会の活動報告について（2012年10月〜）」『消費者法ニュース』第94号，消費者法ニュース発行会議，2013年1月，20−22ページ。

志賀直人「消費者委員会の活動報告（2013年1月〜）」『消費者法ニュース』第95号，消費者法ニュース発行会議，2013年4月，24−26ページ。

志賀直人「情報通信分野の消費者問題について」『消費者法ニュース』第96号，消費者法ニュース発行会議，2013年7月，147−149ページ。

事故調査機関の在り方に関する検討会「将来的に目指すべき機関・制度に関する補足意見」2011年5月31日。

静岡司法書士会（会長・杉山陽一）「消費者庁・消費者委員会・国民生活センターの徳島移転に反対する意見書」2016年1月20日。

品川尚志「消費者庁の発足と企業に求められるもの」『商工ジャーナル』第36巻第3号，日本商工経済研究所，2010年3月，14−18ページ。

志波早苗「いま何故『消費者庁』なのか」地方自治総合研究所『自治総研』第34巻第8号，2008年8月，37−47ページ。

柴田翔太郎「消費者庁・消費者委員会発足で何がどう変わる？」『月刊消費者信用』第27巻第10号，金融財政事情研究会，2009年10月，32−37ページ。

志部淳之介「消費者契約法改正の動きについて」『消費者法ニュース』第131号，消費者法ニュース発行会議，2022年4月，64−65ページ。

島田広「胎動するエシカル消費と消費者庁『倫理的消費』調査研究会」『消費者法ニュース』第110号，消費者法ニュース発行会議，2017年1月，79ページ。

下谷内冨士子「消費者庁・消費者委員会設立」『消費者法ニュース』第81号，消費者法ニュース発行会議，2009年10月，7ページ。

下谷内冨士子「消費者委員会を終えて」『消費者法ニュース』第89号，消費者法ニュース発行会議，2011年10月，25ページ。

城隆「消費者庁設置と食品表示」『流通研究』第16号，愛知学院大学流通科学研究所，2010年3月，33-42ページ。

「消費者委員会の機能の充実を求める声明」消費者主役の新行政組織実現全国会議（ユニカねっと），2009年7月1日。

消費者行政推進会議「消費者行政推進会議取りまとめ―消費者・生活者の視点に立つ行政への転換―」2008年6月13日（https://www.kantei.go.jp/jp/singi/shouhisha/dai8/siryou1.pdf　2018年4月17日アクセス）。

消費者情報編集部「全国初！『消費者あんしんチーム』の現場力アップ」『消費者情報』第405号，関西消費者協会，2009年10月，18ページ。

消費者庁「地方消費者行政の現況―平成22年度地方消費者行政の現況調査―」『政策特報』第1403号，自由民主党資料頒布会，2012年6月，44-78ページ。

消費者庁「消費者安全法の一部を改正する法律案」『政策特報』第1409号，自由民主党資料頒布会，2012年9月，57-67ページ。

消費者庁「消費者庁職員の行動指針」（https://www.caa.go.jp/about_us/about/mission/　2020年3月12日アクセス）。

消費者庁越境消費者センター（CCJ）「越境取引における消費者トラブルの傾向について」『消費者法ニュース』第92号，消費者法ニュース発行会議，2012年7月，120-121ページ。

「消費者庁がおかしい！規制強化と天下りの怪しい相関関係」『国際商業』第49巻第7号，国際商業出版，2016年7月，54-57ページ。

「消費者庁がおかしい！②まだら模様の組織と政治との乖離」『国際商業』第49巻第8号，国際商業出版，2016年8月，68-71ページ。

「消費者庁関連3法案のポイントについて」自由民主党政務調査会編『政策特報』第1319号，自由民主党資料領付会，2008年12月，163-173ページ。

「消費者庁関連3法，成立（金融資料2009年5月中旬〜2009年6月中旬）」『金融』第748号，全国銀行協会，2009年7月，67-69ページ。

消費者庁参事官（公益通報・協働担当）室「消費者志向経営のこれまでの取組と今後の方針―事業者の取組の例とともに―」『明日の食品産業』2021年第10号，食品産業センター，2021年10月，8-12ページ。

「消費者庁・消費者委員会の五年間の軌跡と実績」『消費と生活』第319号，消費と生活社，2014年9月，20-22ページ。

「消費者庁 消費者基本計画　令和2年3月31日閣議決定について」『JASと食品表示』第55巻第5号，日本農林規格協会，2020年5月，38-40ページ。

消費者庁消費者教育推進課「『食品ロスの削減の推進に関する法律』について」『食と健康』第63巻第11号，日本食品衛生協会，2019年11月，8-16ページ。

消費者庁消費者教育推進課「成年年齢引下げを見据えた若年者への消費者教育（『成年年齢引下げに伴う消費者教育全力』キャンペーン等について）」『消費者法ニュース』第129号，消費者法ニュース発行会議，2021年10月，11ページ。

消費者庁消費者教育推進課「若年者の自立を支援する消費者教育の充実」『月刊高校教育』第54巻第13号，学事出版，2021年12月，38-41ページ。

消費者庁消費者教育推進課食品ロス削減推進室「食品ロスの削減の推進に関する法律と基本方針の概要」『法律のひろば』第73巻第7号，ぎょうせい，2020年7月，4−12ページ。

消費者庁消費者教育・地方協力課「消費者安全法改正の概要」『法律のひろば』第68巻第6号，ぎょうせい，2015年6月，16−21ページ。

消費者庁消費者政策課・消費者制度課・消費者教育推進課・地方協力課・取引対策課・参事官（調査・物価等担当）「若年者に関する消費者被害の現状と対策について」『法の支配』第196号，日本法律家協会，2020年1月，43−57ページ。

消費者庁消費者政策課・消費者制度課・消費者教育・地方協力課・取引対策課「成年年齢引下げと消費者政策」『法律のひろば』第71巻第10号，ぎょうせい，2018年10月，15−22ページ。

消費者庁（消費者政策課・消費者制度課・地方協力課・消費者安全課）編『逐条解説 消費者安全法（第2版）』商事法務，2013年9月。

消費者庁食品表示企画課「食品表示制度について」『フードケミカル』第37巻第4号，食品化学新聞社，2021年4月，21−24ページ。

「消費者庁―新設『食品安全庁』に呑まれる」『THEMIS』第19巻第10号，2010年10月，26−27ページ。

消費者庁（政策調整課・企画課・消費者情報課・地方協力課・消費者安全課）編『逐条解説 消費者安全法』商事法務，2010年10月。

「消費者庁創設十周年の実績と展望」『消費と生活』第349号，消費と生活社，2019年9月，10−20ページ。

消費者庁地方協力課「消費者安全確保地域協議会について」『消費者法ニュース』第128号，消費者法ニュース発行会議，2021年7月，87ページ。

消費者庁取引対策課「特定商取引法の平成30年度の執行状況について」『公正取引』第829号，公正取引協会，2019年11月，34−40ページ。

「消費者庁の在り方を問うエコナ問題」『激流』第34巻第12号，国際商業出版，2009年12月，114−116ページ。

「消費者庁の基本構想」『消費者法ニュース』第74号，消費者法ニュース発行会議，2008年1月，33−35ページ。＊なお，この文献は次のものを参考にしているとされる（「消費者被害に対する国のあり方を問う―消費者の権利確立に向けて―」日本弁護士連合会＜第32回人権擁護大会シンポジウム第2分科会基調報告書＞『自由と正義』第40巻第7号，1989年9月，216−226ページ）。

「消費者庁の『検討委員会』が報告書発表　悪質商法への対策強化へ，法制度の見直しなど求める」『公正取引情報』第2732号，競争問題研究所，2020年8月，3−11ページ。

「消費者庁の最大の功績，課徴金制度」『消費と生活』第348号，消費と生活社，2019年7月，10−14ページ。

「消費者庁の組織と仕事―各課担当者に聞く!―」『消費者情報』第411号，関西消費者協会，2010年5月，12−18ページ。

消費者庁表示対策課「景品表示法改正の概要」『法律のひろば』第68巻第6号，ぎょうせい，2015年6月，22−28ページ。

消費者庁表示対策課「平成30年度の景品表示法等の運用状況について」『公正取引』第828号，公正取引協会，2019年10月，75-86ページ。

「消費者庁　平成24年度予算概算要求・機構定員要求について」『政策特報』第1395号，2012年2月，自由民主党資料頒布会，41-45ページ。

消費者庁編『消費者問題及び消費者政策に関する報告（2009-2011年度）』消費者庁，2012年10月。

「消費者庁，発足3年目の取組み―『安全・安心　いま新たなステージへ』―」『経済産業公報』第17469号，経済産業調査会，2012年5月，1-8ページ。

「消費者庁 - 与野党『野合』で発足の舞台裏―関連省庁は権限譲らず―日弁連主導のため悪徳商法や多重債務救済に片寄り食品問題などはなおざりだ」『THEMIS』第18巻第5号，2009年5月，48-49ページ。

「消費者の視点に立つ行政への転換―消費者庁設置関連3法案の提出―」『法学セミナー』第53巻第12号，日本評論社，2008年12月，131ページ。

「消費者被害に対する国のあり方を問う―消費者の権利確立に向けて―」日本弁護士連合会＜第32回人権擁護大会シンポジウム第2分科会基調報告書＞『自由と正義』第40巻第7号，1989年9月，216-226ページ。

消費と生活編集部「『消費者が主役』の行政に変える声を上げよう」『消費と生活』第281巻，消費と生活社，2008年5月，43-45ページ。

消費と生活編集部「消費者関連団体が求める消費者庁像とは？―民間の消費者対応の活力を生かせ！消費者庁―」『消費と生活』第284巻，消費と生活社，2008年11月，50-56ページ。

消費と生活編集部「ワイド特集 消費者庁いよいよ9月にも発足」『消費と生活』第288号，消費と生活社，2009年7月，32-41ページ。

消費と生活編集部「消費者庁創設記念ワイド特集 スタートした消費者庁の展望と課題」『消費と生活』第290号，消費と生活社，2009年11月，32-41ページ。

消費と生活編集部「消費者庁1周年を振り返る」『消費と生活』第295号，消費と生活社，2010年9月，10-20ページ。

消費と生活編集部「行政の消費者志向の司令塔になれるか？―5周年を迎え，真価が問われる消費者庁―」『消費と生活』第319号，消費と生活社，2014年9月，12-19ページ。

消費と生活編集部「食の安全，高齢者問題，消費者志向経営など，消費者庁6周年―消費者行政の流れと今後の展開―」『消費と生活』第325号，消費と生活社，2015年9月，12-18ページ。

消費と生活編集部「消費者行政機能は低下しないのか? 消費者庁・国民生活センターの徳島移転を問う」『消費と生活』第328号，消費と生活社，2016年3月，12-16ページ。

白井晶子「関弁連消費者問題対策委員会の活動報告」『消費者法ニュース』第124号，消費者法ニュース発行会議，2020年7月，138ページ。

白﨑夕起子「消費者社会における動向―消費生活相談員の視点から―」『消費生活研究』第10巻第1号，日本消費生活アドバイザー・コンサルタント協会NACS消費生活研究所，2008年，1-7ページ。

菅久修一「消費者庁所管法の執行を巡る本年の課題」『公正取引』第771号，公正取引協会，

2015年1月，35－38ページ。

菅久修一「消費者庁の組織・業務・課題」『公正取引』第783号，公正取引協会，2016年1月，43－47ページ。

鈴木敦士「消費者庁の徳島移転と地方創生」『消費者法ニュース』第107号，消費者法ニュース発行会議，2016年4月，80－81ページ。

鈴木敦士「消費者裁判手続特例法の改正」『消費者法ニュース』第132号，消費者法ニュース発行会議，2022年7月，172－174ページ。

鈴木一広「日中韓消費者政策協議会及び消費者政策国際シンポジウムの開催」『消費者法ニュース』第101号，消費者法ニュース発行会議，2014年10月，33－34ページ。

鈴木一広「新たな消費者基本計画のスタート」『消費者法ニュース』第106号，消費者法ニュース発行会議，2016年1月，62－64ページ。

鈴木祐二「消費者安全専門調査会報告書 事故情報の活用等の在り方について」『消費者法ニュース』第113号，消費者法ニュース発行会議，2017年10月，43－45ページ。

諏訪園貞明「地方消費者行政を活性化するための対応策について」『消費者法ニュース』第86号，消費者法ニュース発行会議，2011年1月，16－18ページ。

「生活者主権はどこまで進んだ？─消費者庁誕生半年を検証─」『激流』第35巻第6号，国際商業出版，2010年6月，114－118ページ。

「製品事故情報の迅速かつ的確な提供等求める 製品の安全対策で消費者庁等に勧告─総務省」『行政評価情報』第2784号，官庁通信社，2011年2月，2－7ページ。

瀬戸和宏「消費者問題対策委員会の活動について」『消費者法ニュース』第114号，消費者法ニュース発行会議，2018年1月，53－57ページ。

第一法規編集部編集『消費者庁六法速報版』第一法規，2009年。

「大震災，その時，消費者庁はどう動いた？─買いだめ，震災詐欺・悪徳商法，食品の放射性物質汚染など難題続く─」『消費と生活』第305号，消費と生活社，2012年5月，28－31ページ。

髙巖「消費者行政のあり方について思うこと」『消費者法ニュース』第114号，消費者法ニュース発行会議，2018年1月，50ページ。

髙巖「表示・広告についての消費者委員会の活動状況と消費者庁への期待」『公正取引』第807号，公正取引協会，2018年1月，49－52ページ。

髙巖「消費者委員会設置10年を迎えるに当たって」『公正取引』第816号，公正取引協会，2018年10月，8－11ページ。

髙巖「第5次消費者委員会の活動を振り返って」『消費者法ニュース』第121号，消費者法ニュース発行会議，2019年10月，25－26ページ。

髙嶌英弘・荒木 武文「大学における消費者法教育」『消費者法ニュース』第121号，消費者法ニュース発行会議，2019年10月，151－156ページ。

髙橋義明「OECD諸国における消費者行政の動向」『法律時報』第80巻第5号，日本評論社，2008年5月，84－89ページ。

髙橋義明「消費者市民社会へ向けた取り組み」『消費者法ニュース』第84号，消費者法ニュース発行会議，2010年7月，113－115ページ。

田口義明・林大介「消費者行政の充実に向けた国民生活センターの役割」『現代消費者法』第 5 号，民事法研究会，2009年12月，27 - 34ページ。

田口義明・林大介「消費者庁設置後の消費者相談の動向と消費者政策の展開」『名古屋経済大学消費者問題研究所報』第35号，名古屋経済大学消費者問題研究所，2013年 3 月， 1 - 28ページ。

竹之内知宣「変わる暮らし　消費者庁への期待と課題」『月刊国民生活』第17号，独立行政法人国民生活センター，2009年 9 月，17 - 20ページ。

竹村知己「いわゆる『販売預託商法』に関する消費者問題についての建議等」『消費者法ニュース』第122号，消費者法ニュース発行会議，2020年 1 月，73 - 74ページ。

田島眞「消費者庁発足に向けて―消費者の求める食品表示」『消費者法ニュース』第81号，消費者法ニュース発行会議，2009年10月， 7 - 8 ページ。

田島眞「消費者委員 2 年の総括」『消費者法ニュース』第89号，消費者法ニュース発行会議，2011年10月，23ページ。

田島眞「食品にまつわる消費者問題への取り組み」『消費者法ニュース』第90号，消費者法ニュース発行会議，2012年 1 月， 7 ページ。

谷みどり「『21世紀型消費者政策』における生協の役割」『生活協同組合研究』第405号，生協総合研究所，2009年10月，14 - 21ページ。

谷みどり「消費者庁設置による他省庁への影響」『現代消費者法』第 5 号，民事法研究会，2009年12月，21 - 26ページ。

千葉惠美子「デジタル社会における消費者政策の課題―時代の変化に対応した政策立案をめざして―」『生活協同組合研究』第527号，生協総合研究所，2019年12月，21 - 29ページ。

「通知制度の意義等の周知徹底求める―総務省　消費者事故対策で消費者庁と厚生労働省に勧告」『行政評価情報』第3275号，官庁通信社，2020年11月， 2 - 4 ページ。

津谷裕貴弁護士追悼論文集刊行委員会編『消費者取引と法―津谷裕貴弁護士追悼論文集―』民事法研究会，2011年。

鶴岡憲一・河村真紀子『消費者事故調―その実像と将来像―』学文社，2014年。

鶴田健「デジタル革命の中心に消費者を―第21回国際消費者機構世界大会の参加報告―」『生活協同組合研究』第527号，生協総合研究所，2019年12月，56 - 60ページ。

「適格消費者団体15団体連名で意見書　消費者契約に関する検討会の方向性で，消費者庁長官ほかに」『公正取引情報』第2732号，競争問題研究所，2020年 8 月，11 - 14ページ。

適格消費者団体・特定非営利活動法人消費者被害防止ネットワーク東海（理事長・杉浦市郎，事務局長・外山孝司）「消費者庁・国民生活センターの地方移転に反対する意見書」2015年12月16日。

出口裕規「イギリスにおける公益通報者保護法制の現状」『消費者法ニュース』第119号，消費者法ニュース発行会議，2019年 4 月，92 - 94ページ。

寺西香澄「国民目線に立った行政組織『消費者庁』の創設―消費者庁関連 3 法案―」参議院事務局『立法と調査』第294号，2009年 7 月，17 - 34ページ。

土井裕明「消費者庁の設立について」滋賀人権センター『じんけん』第326号，2008年 6 月，38 - 40ページ。

東京弁護士会（会長・篠塚力）「消費者庁・内閣府消費者委員会創設10周年を迎えるにあたって一層の消費者行政の充実を求めるとともに地方移転に反対する意見書」東京弁護士会，2019年7月10日。

「『特商法の在り方検討委員会』報告書に意見　消団連　早期の法案提出，消費者庁の人的体制・予算の強化等求める」『公正取引情報』第2732号，競争問題研究所，2020年8月，9−11ページ。

徳田博人「消費者庁及び消費者委員会の設置と消費者行政のパラダイム転換？」『真織』第7号，真織編集委員会，2009年5月，15−20ページ。

徳村美佳「1市3町の連携による消費生活安心条例の制定について」『消費者法ニュース』第125号，消費者法ニュース発行会議，2020年10月，90−94ページ。

土庫澄子「機械式立体駐車場に関する消費者事故調査─最近のマンション駐車場事故を考える─」『消費者法ニュース』第126号，消費者法ニュース発行会議，2021年1月，94ページ。

豊田尚吾「『消費者庁構想』を期に，善い消費者を育もう」大阪ガスエネルギー・文化研究所『CEL: culture, energy and life』第84巻，2008年3月，65−69ページ。

内閣官房消費者行政一元化準備室「消費者庁関連3法の成立について」『NBL』第907号，商事法務，2009年6月，4−7ページ。

内閣官房消費者行政一元化準備室「消費者庁関連3法の概要」『ジュリスト』第1382号，有斐閣，2009年7月，6−18ページ。

内閣官房消費者行政一元化準備室「消費者庁関連3法のポイントについて」『明日の食品産業』2009年7・8月号，食品産業センター，2009年7月，47−49ページ。

内閣官房消費者行政一元化準備室「消費者庁関連3法の解説─消費者・生活者の視点に立つ行政への転換─」『NBL』第910号，商事法務，2009年8月，58−66ページ。

内閣府消費者庁消費者安全課・経済産業省商務流通グループ製品安全課「公表制度における消費者庁及び経済産業省の役割」『EMC』第23巻第3号，ミマツコーポレーション，2010年7月，125−134ページ。

内閣府大臣官房消費者庁・消費者委員会設立準備室「新しくできる消費者庁の姿」『月刊国民生活』第17号，独立行政法人国民生活センター，2009年9月，21−24ページ。

内藤英二『スウェーデンの消費経済と消費者政策』文眞堂，1998年。

中川丈久「消費者行政--消費者庁の設置と今後の法制展開─」『ジュリスト』第1414号，有斐閣，2011年1月51−58ページ。

永沢裕美子「地方消費者行政強化作戦2020策定に向けて」『消費者法ニュース』第121号，消費者法ニュース発行会議，2019年10月，41ページ。

長田三紀「国民生活センターの在り方の見直しに関する検証会議に参加して」『消費者法ニュース』第90号，消費者法ニュース発行会議，2012年1月，22−24ページ。

中野和子「行政措置が行われた場合の消費者被害の回復について」『消費者法ニュース』第131号，消費者法ニュース発行会議，2022年4月，69ページ。

中野正太「消費者庁越境消費者センター（CCJ）の取り組みと相談の状況」『国民生活研究』第53巻第2号，独立行政法人国民生活センター，2013年12月，67−86ページ。

中村和彦「消費者庁と消費者問題」『経済論集』第7号，ノースアジア大学総合研究センター

経済研究所，2009年12月，15-28ページ。

中村新造「内閣府消費者委員会『成年年齢引下げに伴う若年者の消費者被害防止に向けた対応策に関する意見』について」『消費者法ニュース』第131号，消費者法ニュース発行会議，2022年4月，89-91ページ。

中村忠史「『消費者市民社会』私論」『消費者法ニュース』第83号，消費者法ニュース発行会議，2010年4月，13-16ページ。

中村雅人「『消費者庁』の創設に問われる基本視点」東京市政調査会『都市問題』第99巻第5号，2008年5月，9-11ページ。

中村雅人「消費者庁・消費者委員会はこうして誕生した」『消費者法ニュース』第80号，消費者法ニュース発行会議，2009年7月，90-92ページ。

中村雅人「消費者委員に任命されて」『消費者法ニュース』第81号，消費者法ニュース発行会議，2009年10月，9ページ。

中村雅人「消費者庁・消費者委員会の役割と課題」『現代消費者法』第5号，民事法研究会，2009年12月，13-20ページ。

中村雅人「消費者委員会の役割」『消費者法ニュース』第83号，消費者法ニュース発行会議，2010年4月，5-6ページ。

中村雅人「消費者委員会の審議体制」『消費者法ニュース』第84号，消費者法ニュース発行会議，2010年7月，93ページ。

中村雅人「自動車リコール制度で初の建議」『消費者法ニュース』第85号，消費者法ニュース発行会議，2010年10月，5-9ページ。

中村雅人「消費者委員会の活動はなぜ見えないのか」『消費者法ニュース』第86号，消費者法ニュース発行会議，2011年1月，10-11ページ。

中村雅人「消費者委員会の2年」『消費者法ニュース』第89号，消費者法ニュース発行会議，2011年10月，19-21ページ。

中村雅人「食品安全行政はどう変わったか？」『消費者法ニュース』第118号，消費者法ニュース発行会議，2019年1月，32-34ページ。

中村雅人「創設10周年記念シンポジウム開かれる」『消費者法ニュース』第122号，消費者法ニュース発行会議，2020年1月，64ページ。

中村雅人・石戸谷豊「消費者庁・消費者委員会の創設と日弁連の活動―日弁連消費者行政一元化推進本部の解散にあたって―」日本弁護士連合会『自由と正義』第60巻第12号，2009年12月，124-133ページ。

中村幹雄「食品衛生法及び健康増進法の一部移管―期待・成果・課題―」『消費者法ニュース』第118号，消費者法ニュース発行会議，2019年1月，118-120ページ。

西村隆男「消費者市民社会の考え方」『消費者法ニュース』第84号，消費者法ニュース発行会議，2010年7月，111-112ページ。

「2009年度に『消費者庁』創設―その目指すものとは―　消費者行政推進会議最終報告書から」全国中央市場水産卸協会『全水卸』2008年9月号，2-5ページ。

「日弁連が景表法上の課徴金制度強化を求める意見書提出―内閣府特命大臣，消費者庁長官宛に―課徴金算定率の引上げ等求める」『公正取引情報』第2752号，競争問題研究所，

2021年1月，2－11ページ。

二之宮義人「消費者庁（消費者政策委員会）と消費者権利院との比較」『消費者法ニュース』第78号，消費者法ニュース発行会議，2009年1月，32－35ページ。

二之宮義人「消費者行政におけるムーンショットとバックキャスティング」『消費者法ニュース』第126号，消費者法ニュース発行会議，2021年1月，29－30ページ。

日本弁護士連合会「消費者庁，消費者委員会及び国民生活センターの機能及び体制の強化を求める要望書」2010年10月19日。

日本弁護士連合会「消費者庁・国民生活センターの地方移転に反対する意見書」2015年11月20日（https://www.nichibenren.or.jp/library/ja/opinion/report/data/2015/opinion_151120.pdf　2019年7月16日アクセス）。

日本弁護士連合会会長・中本和洋「『消費者契約法の一部を改正する法律案に対する附帯決議』を踏まえて消費者庁・消費者委員会・国民生活センターの徳島移転に改めて反対する会長談話」2016年6月9日。

野々山宏「理事長就任後に見えてきた国民生活センターの機能と課題」『消費者法ニュース』第85号，消費者法ニュース発行会議，2010年10月，17－18ページ。

野々山宏「消費者行政における国民生活センターの意義とその見直しをめぐる議論」『現代消費者法』第13号，民事法研究会，2011年12月，15－19ページ。

野々山宏「国民生活センターの地方消費者行政の支援機能」『消費者法ニュース』第95号，消費者法ニュース発行会議，2013年4月，30－32ページ。

野々山宏「国民生活センターの組織の在り方の議論の現状」『消費者法ニュース』第97号，消費者法ニュース発行会議，2013年10月，41－43ページ。

野々山宏「消費者庁・国民生活センター・消費者委員会の地方移転について」『消費者法ニュース』第107号，消費者法ニュース発行会議，2016年4月，73－74ページ。

野々山宏「消費生活相談の特徴・役割と『あっせん』の重要性」『消費者法ニュース』第122号，消費者法ニュース発行会議，2020年1月，76－80ページ。

野村裕「消費者庁の概要と事故情報一元化の推進―消費者安全法の施行および消費生活用製品安全法に基づく製品事故情報報告・公表制度の変更点―」『EMC』第22巻第9号，ミマツコーポレーション，2010年1月，24－31ページ。

ノンバンク問題研究会「『消費者庁』構想をマスコミはどう評価したか」『月間 消費者信用』第26巻第8号，金融財政事情研究会，2008年8月，46－50ページ。

ノンバンク問題研究会「臨時国会の焦点『消費者庁法案』の光と影」『月間 消費者信用』第26巻第10号，金融財政事情研究会，2008年10月，56－60ページ。

ノンバンク問題研究会「福田首相辞任で揺れた消費者庁構想への賛否両論」『月間 消費者信用』第26巻第11号，金融財政事情研究会，2008年11月，44－49ページ。

拝師徳彦「ユニカねっとの活動報告」『消費者法ニュース』第81号，消費者法ニュース発行会議，2009年10月，18－21ページ。

拝師徳彦「新しい事故調査機関の創設をめぐる動きについて」『消費者法ニュース』第89号，消費者法ニュース発行会議，2011年10月，7－10ページ。

拝師徳彦「消費者庁と国センの一元化問題について」『消費者法ニュース』第90号，消費者

法ニュース発行会議，2012年1月，15-17ページ。

拝師徳彦「地方消費者行政を充実させるために」『消費者法ニュース』第90号，消費者法ニュース発行会議，2012年1月，34-36ページ。

拝師徳彦「ウォッチねっとの活動報告」『消費者法ニュース』第96号，消費者法ニュース発行会議，2013年7月，153-156ページ。

拝師徳彦「地域から消費者行政を変えるために―『消費者市民サポーター』を各地で育てよう―」『消費者法ニュース』第97号，消費者法ニュース発行会議，2013年10月，47-51ページ。

拝師徳彦「ウォッチねっと活動報告」『消費者法ニュース』第100号，消費者法ニュース発行会議，2014年7月，131-137ページ。

拝師徳彦「地方移転問題を契機に消費者庁『地方支分部局』の設置を目指そう」『消費者法ニュース』第107号，消費者法ニュース発行会議，2016年4月，81ページ。

拝師徳彦「『公益通報者保護法』改正の動き―消費者庁WGを中心に―」『消費者法ニュース』第109号，消費者法ニュース発行会議，2016年10月，61-64ページ。

拝師徳彦「地方消費者行政に対する今後の財政支援の方向性について―消費者庁『あり方検討会』の報告書をふまえて―」『消費者法ニュース』第113号，消費者法ニュース発行会議，2017年10月，46-48ページ。

拝師徳彦「消費者庁・消費者委員会設置10年目の消費者行政の実情と課題」『まちと暮らし研究』第28号，地域生活研究所，2018年12月，37-43ページ。

拝師徳彦「国の消費者行政（消費者庁・消費者委員会・国民生活センター）」『現代消費者法』第45号，民事法研究会，2019年12月，18-25ページ。

拝師徳彦「消費者庁10年の行政評価」『生活協同組合研究』第527号，生協総合研究所，2019年12月，38-45ページ。

拝師徳彦「徳島移転問題　消費者庁新未来創造戦略本部の設置について」『消費者法ニュース』第125号，消費者法ニュース発行会議，2020年10月，88-90ページ。

拝師徳彦「消費者委員会『地方消費者行政専門調査会報告書』に対する意見」『消費者法ニュース』第126号，消費者法ニュース発行会議，2021年1月，40-42ページ。

波光巖「消費者行政を一元化する消費者庁が10月にも発足」『国際商業』第42巻第8号，国際商業出版，2009年8月，34-37ページ。

長谷川薫「消費者庁での勤務―各分野で活躍する検察職員―」『研修』第878号，誌友会事務局研修編集部，2021年8月，46-50ページ。

羽藤秀雄・荻原典子・杉浦市郎・色川卓男・東珠実・大藪千穂「消費者行政と生活経済（第27回研究大会共通論題パネルディスカッション記録）」『生活経済学研究』第34巻，生活経済学会，2011年9月，37-69ページ。

濱崎真也「消費者庁の発足後10年の変遷と課題（主に体制面からの考察）」『季刊行政管理研究』第168号，行政管理研究センター，2019年12月，59-70ページ。

濱田正晴「『究極のザル法・公益通報者保護法』の実効力ある法律への改正を期待する」『消費者法ニュース』第119号，消費者法ニュース発行会議，2019年4月，87-89ページ。

「早くも当事者能力の欠如を晒した『消費者庁』の迷走」『実業界』第972号，実業界，2010

年2月，18-20ページ。

原早苗「消費者庁構想が問いかけるもの」『まちと暮らし研究』第1巻，地域生活研究所，2008年6月，29-34ページ。

原早苗「消費者庁構想論—消費者庁構想が問いかけるもの—」『月報 司法書士』第438巻，日本司法書士会連合会，2008年8月，42-47ページ。

原早苗「消費者委員会への期待と抱負」『消費者情報』第405号，関西消費者協会，2009年10月，11ページ。

原早苗「第一次消費者委員会の活動および今後の消費者委員会」『現代消費者法』第13号，民事法研究会，2011年12月，8-14ページ。

原早苗「第2次消費者委員会の活動報告」『消費者法ニュース』第97号，消費者法ニュース発行会議，2013年10月，38-41ページ。

原早苗・木村茂樹編著『消費者庁・消費者委員会創設に込めた想い』商事法務，2017年10月。

板東久美子「消費者庁の役割と今後の展望」『ウェブ版 国民生活』第34号，独立行政法人国民生活センター，2015年5月，1-4ページ。

板東久美子「消費者庁長官板東久美子氏に聞く—消費者市民社会の実現に向け消費者庁の役割と展望—」『消費と生活』第325号，消費と生活社，2015年9月，20-23ページ。

坂内啓二「消費者行政の充実・強化に向けた方向性」『時評』第51巻第9号，時評社，2009年9月，82-87ページ。

東出浩一「消費者庁所管法の執行を巡る本年の課題」『公正取引』第795号，公正取引協会，2017年1月，41-45ページ。

東出浩一「消費者庁所管法の執行を巡る本年の課題」『公正取引』第807号，公正取引協会，2018年1月，44-48ページ。

樋口一清「地方消費者行政のあり方を考える—長野県消費生活条例の制定を巡って—」信州大学経済学部『信州大学経済学論集』第60号，2009年3月，55-68ページ。

樋口一清「消費者政策の新たな課題と研究活動展開の可能性」『消費者法ニュース』第121号，消費者法ニュース発行会議，2019年10月，148-149ページ。

日野勝吾「イギリスとEUの立法状況等から見た公益通報者保護法の方向性」『消費者法ニュース』第119号，消費者法ニュース発行会議，2019年4月，94-97ページ。

平岡和久「地方分権と消費者行政の強化」『消費者法ニュース』第90号，消費者法ニュース発行会議，2012年1月，31-33ページ。

廣澤英幸「消費者庁構想と法テラスとの連携・協力」『法律のひろば』第62巻第2号，株式会社ぎょうせい，2009年2月，34-37ページ。

日和佐信子「消費者委員会委員就任の経過と現在」『消費者法ニュース』第81号，消費者法ニュース発行会議，2009年10月，10ページ。

日和佐信子「消費者委員会の2年間を振り返って」『消費者法ニュース』第89号，消費者法ニュース発行会議，2011年10月，26ページ。

深谷祐人「2040年頃の消費者行政が目指すべき姿とその実現に向けた対応策等に関する意見—地方消費者行政専門調査会報告書を受けて—」『消費者法ニュース』第126号，消費者法ニュース発行会議，2021年1月，31ページ。

福嶋浩彦「消費者庁発足1年―消費者の目線で消費者行政を司る―」『財界人』第23巻第12号，財界人出版，2010年12月，14‐19ページ。

福嶋浩彦「生活者中心の社会を目指して」『消費者法ニュース』第86号，消費者法ニュース発行会議，2011年1月，5‐6ページ。

福嶋浩彦「消費者被害の防止と救済に向けて」『消費者法ニュース』第89号，消費者法ニュース発行会議，2011年10月，14‐15ページ。

福嶋浩彦「消費者庁の役割と課題」『現代消費者法』第13号，民事法研究会，2011年12月，4‐7ページ。

福嶋浩彦「ロングインタビュー　消費者庁長官福嶋浩彦氏に聞く―消費者・生活者目線の行政を広げる中核に―」『消費と生活』第303号，消費と生活社，2012年1月，20‐23ページ。

福嶋浩彦「消費者・生活者中心の社会づくり―社会全体で消費者力の向上を―」『時評』第54巻第7号，時評社，2012年7月，42‐50ページ。

福島みずほ「安全で安心な社会の実現をめざす」『消費者情報』第411号，関西消費者協会，2010年5月，7ページ。

福島みずほ・笹森清「声を上げ行動によって政治を動かす。貸金業法と割賦販売法を改正させ消費者庁を創設」『月刊社会民主』第670号，社会民主党全国連合機関紙宣伝局，2011年3月，53‐61ページ。

福田康夫内閣閣議決定「消費者行政推進基本計画―消費者・生活者の視点に立つ行政への転換―」2008年6月27日（https://www.kantei.go.jp/jp/singi/shouhisha/kakugi/080627honbun.pdf　2018年4月17日アクセス）。

福原奈央「消費者被害の防止や救済のための見守り事業に関する現況調査の概要―消費者安全確保地域協議会の取組みを中心に―」『消費者法ニュース』第125号，消費者法ニュース発行会議，2020年10月，86‐88ページ。

不招請勧誘規制を求める関西連絡会「消費者委員会事務局長の応募要件等の変更に関する意見書」2021年5月26日。

古川琢也「消費者庁『消費者を守れない』食品表示行政」『Zaiten』第59巻第12号，財界展望新社，2015年10月，17‐19ページ。

古川琢也「年間100万件の相談に対し『処分』は100件足らず　消費者庁―『消費者保護より天下り』の無責任官庁―」『Zaiten』第65巻第5号，財界展望新社，2021年4月，110‐113ページ。

古川琢也・Zaiten特集班「消費者の役に立たない『掃き溜め官庁』消費者庁」『Zaiten』第60巻第8号，財界展望新社，2016年6月，22‐24ページ。

古川浩「地方消費者行政強化作戦2020に期待―広域連携と県消費生活センターの機能強化―」『消費者法ニュース』第121号，消費者法ニュース発行会議，2019年10月，42‐43ページ。

古谷由紀子（代表）・磯村浩子・浅野智恵美・神山久美・釘宮悦子・土田あつ子・戸部依子・宮園由紀代「消費者庁の消費者基本計画の検証・評価の在り方を考える―消費者利益を関係省庁や消費者団体と協働して実現するために―」『消費生活研究：消費生活をめぐる諸問題』第14巻第1号，日本消費生活アドバイザー・コンサルタント協会NACS消費生活研

究所，2012年，17-28ページ。

「法令・規則関係 消費者庁設置に向けた消費者関連三法の公布」『果汁協会報』第610号，日本果汁協会，2009年6月，18-24ページ。

細川幸一「消費者庁構想を考える」『法律時報』第80巻第5号，日本評論社，2008年5月，90-93ページ。

細川幸一「消費生活センターの充実こそ消費者行政の土台だ」『都市問題』第99巻第5号，東京市政調査会，2008年5月，12-16ページ。

細川幸一「海外にみる消費者行政」『消費者情報』第405号，関西消費者協会，2009年10月，20-21ページ。

細川幸一「消費者庁時代の企業姿勢を考える」『繊消誌』第50巻第10号，一般社団法人日本繊維製品消費科学会，2009年，873-876ページ。

細川幸一「消費者政策の現状と消費者庁設立の意義」『生活経営学研究』第45号，日本家政学会生活経営学部会，2010年3月，59-64ページ。

細川幸一「徳島移転問題について」『消費者法ニュース』第107号，消費者法ニュース発行会議，2016年4月，78ページ。

細川幸一「『倫理的消費』調査研究会が消費者庁内に発足」『消費者法ニュース』第110号，消費者法ニュース発行会議，2017年1月，77-78ページ。

堀江明子「消費者庁時代の表示規制のあり方─予備的考察─」『経済論集』第44巻第2号，東洋大学経済研究会，2019年3月，239-248ページ。

松井秀樹「消費者庁の発足と経営者の留意点」『ながさき経済』第243号，長崎経済研究所，2010年1月，6-11ページ。

松崎陽子「消費者庁の設置と消費者行政」『個人金融』第4巻第2号，ゆうちょ財団，2009年，70-72ページ。

松苗弘幸「消費生活センター等における『あっせん』を目指した環境─地元弁護士としての関わり─」『消費者法ニュース』第125号，消費者法ニュース発行会議，2020年10月，96-98ページ。

松原仁「消費者行政を考える」『消費者法ニュース』第93号，消費者法ニュース発行会議，2012年10月，38-39ページ。

松本恒雄「消費者庁設置の意義」『月刊国民生活』第17号，独立行政法人国民生活センター，2009年9月，13-16ページ。

松本恒雄「消費者庁発足で『変わる』こと，『変わらない』こと─企業実務への影響を整理する─」『Business Law Journal』第2巻第9号，レクシスネクシス・ジャパン，2009年9月，63-67ページ。

松本恒雄「消費者庁・消費者委員会誕生の経緯とその意義」『消費者情報』第405号，関西消費者協会，2009年10月，8-10ページ。

松本恒雄「消費者庁・消費者委員会の設置にみる21世紀型消費者政策の進展─その論点と課題─」『生活協同組合研究』第405号，生協総合研究所，2009年10月，5-13ページ。

松本恒雄「消費者庁・消費者委員会発足に当たって」『消費者法ニュース』第81号，消費者法ニュース発行会議，2009年10月，5-7ページ。

松本恒雄「消費者庁・消費者委員会設置の意義と企業に求められる対応」『事業再生と債権管理』第23巻第4号，金融財政事情研究会，2010年1月，4－11ページ。

松本恒雄「これからの消費者行政に求められるもの―消費者庁・消費者委員会設置のその後―」『ACAP研究所ジャーナル』第3号，消費者関連専門家会議ACAP研究所，2010年5月，6－13ページ。

松本恒雄「消費者委員会の200日―果たすべき役割とその進捗状況―」『消費者情報』第411号，関西消費者協会，2010年5月，10－11ページ。

松本恒雄「消費者委員会の16か月とこれからの取り組み」『消費者法ニュース』第86号，消費者法ニュース発行会議，2011年1月，7－9ページ。

松本恒雄「消費者委員会2年の軌跡と展望」『消費者法ニュース』第91号，消費者法ニュース発行会議，2012年4月，5－7ページ。

松本恒雄「国民生活センターの機能と組織の在り方―理事長就任にあたって―」『消費者法ニュース』第97号，消費者法ニュース発行会議，2013年10月，44－47ページ。

松本恒雄「国境を超える消費生活相談―越境消費者取引に関する相談とその解決に向けて―」『消費者法ニュース』第99号，消費者法ニュース発行会議，2014年4月，43－46ページ。

松本恒雄「消費者行政の一元化，企業の社会的責任，消費者市民社会―新たな地平へ―」『ACAP研究所ジャーナル』第7号，消費者関連専門家会議ACAP研究所，2014年6月，4－9ページ。

松本恒雄「現代の消費者政策にみる法律と社会的責任の関係―消費者，事業者，行政の新たなトライアングルの形成に向けて―」『法政研究』第81巻第4号，九州大学法政学会，2015年3月，454－484ページ。

松本恒雄「安全で安心な消費者市民社会に向けて―2025年の展望―」『消費者法ニュース』第103号，消費者法ニュース発行会議，2015年4月，18－20ページ。

松本恒雄「設立47周年を迎えた国民生活センター」『消費者法ニュース』第114号，消費者法ニュース発行会議，2018年1月，46－47ページ。

松本恒雄「国民生活センターの最近の動向と2019年の抱負」『消費者法ニュース』第120号，消費者法ニュース発行会議，2019年7月，121－123ページ。

松本恒雄「消費者庁・消費者委員会の10年と展望」『消費者法ニュース』第122号，消費者法ニュース発行会議，2020年1月，67－69ページ。

松本恒雄「消費者相談とチャットボット」『消費者法ニュース』第123号，消費者法ニュース発行会議，2020年4月，50－52ページ。

松本恒雄「国民生活センターの最近の動向と2020年の抱負」『消費者法ニュース』第124号，消費者法ニュース発行会議，2020年7月，130－132ページ。

松本恒雄「福田チルドレン退任の辞―7年余の国民生活センター理事長を終えて―」『法律時報』第92巻第13号，日本評論社，2020年12月，266－269ページ。

松本恒雄「不公正取引の包括的なルールを求めて」『消費者法ニュース』第127号，消費者法ニュース発行会議，2021年4月，159－161ページ。

松本恒雄『新基本法コンメンタール　債権1』日本評論社，2021年。

松本恒雄「これでいいのか消費者契約法―本来の民事ルールとしてのおおらかさを取り戻せ―」『消費者法ニュース』第132号，消費者法ニュース発行会議，2022年7月，90－92ページ。

松本恒雄著・サービス産業生産性協議会編『消費者庁時代におけるサービス産業の信頼性確保―消費者政策の課題と方策―』生産性出版，2010年。

松本恒雄・林大介「『国民生活センター越境消費者センター（CCJ)』の開設について」『消費者法ニュース』第104号，消費者法ニュース発行会議，2015年7月，116－118ページ。

真部和義「わが国における新たな消費者政策の展開-消費者庁・消費者委員会の創設を例にとって」久留米大学商学会『久留米大学商学研究』第15巻第3号，2010年1月，49－81ページ。

丸山隆志「『消費者教育の推進に関する基本的な方針』の変更について」『消費者法ニュース』第115号，消費者法ニュース発行会議，2018年4月，65－66ページ。

南雅晴・佐川聡洋「消費者の財産被害に係るすき間事案への行政措置の導入について―消費者安全法の一部を改正する法律の概要―」『消費者法ニュース』第95号，消費者法ニュース発行会議，2013年4月，27－29ページ。

宮沢由佳「『消費者の権利実現法案』について」『消費者法ニュース』第129号，消費者法ニュース発行会議，2021年10月，202－203ページ。

宮下修一「落日の消費者契約法―失われた輝きを取り戻せるか―」『消費者法ニュース』第132号，消費者法ニュース発行会議，2022年7月，93－96ページ。

宮島薫「公益通報者保護法の新しい可能性についての一考察―消費者庁発足に伴い新しい扉は開かれるのか―」『埼玉学園大学紀要』人間学部篇第9号，埼玉学園大学，2009年12月，207－217ページ。

村越進「消費者のための『消費者庁』の実現を求める意見書」『第一東京弁護士会会報』第427号，第一東京弁護士会，2008年10月，42－45ページ。

村千鶴子「重大事故の続発で消費者庁誕生―実行力のある組織となれ―」『エコノミスト』第87巻第33号，毎日新聞社，2009年6月，43－45ページ。

村千鶴子『これからこうなる消費者行政―消費者庁の仕組みと所管法令のポイント―』2009年。

村千鶴子「消費者庁発足―「待ち」の消費者対応では企業は生き残れない！―」『ビジネス法務』第10巻第2号，中央経済社，2010年2月，44－47ページ。

村千鶴子「消費者庁と国民生活センターの在り方について」『消費者法ニュース』第89号，消費者法ニュース発行会議，2011年10月，16－18ページ。

村山裕「高齢消費者等の財産被害防止のためのモデル事業―高齢消費者の二次被害防止モデル事業と国と地方のコラボレーションの取組―」『消費者法ニュース』第96号，消費者法ニュース発行会議，2013年7月，142－144ページ。

望月知子「消費者安全法改正と民間委託」『消費者法ニュース』第102号，消費者法ニュース発行会議，2015年1月，48－50ページ。

森大樹・白石裕美子・板倉陽一郎・中野丈・梅澤拓・山田公之・小田原昌行「任期付任用公務員としての弁護士の活動―経験弁護士へのインタビュー（消費者庁）―」『Ichiben bulletin』第473号，第一東京弁護士会，2012年8月，2-16ページ。

森貞涼介「消費者委員会（第6次）消費者法分野におけるルール形成の在り方等検討WG報告書—自主規制の実効的な整備・運用による公正な市場の実現を目指して—の紹介」『消費者法ニュース』第129号，消費者法ニュース発行会議，2021年10月，66-68ページ。

森田菜穂「消費者庁に出向して」『研修』第801号，誌友会事務局研修編集部，2015年3月，25-30ページ。

森田満樹「消費者庁の食品表示行政—消費者の自立支援に向けた取り組みを—」『ACAP研究所ジャーナル』第8号，消費者関連専門家会議ACAP研究所，2015年6月，10-18ページ。

森まさこ「消費者庁実現への険しい道」『消費者法ニュース』第78号，消費者法ニュース発行会議，2009年1月，30-32ページ。

森まさこ「消費者庁と消費者権利院について」『消費者法ニュース』第79号，消費者法ニュース発行会議，2009年4月，4-7ページ。

森雅子「なぜ消費者庁法案は成立できたのか」『Business Law Journal』第2巻第9号，レクシスネクシス・ジャパン，2009年9月，86-87ページ。

森まさこ「消費者庁に望むこと」『消費者法ニュース』第82号，消費者法ニュース発行会議，2010年1月，6-8ページ。

森まさこ「地方消費者行政の充実・強化に向けて」『消費者法ニュース』第95号，消費者法ニュース発行会議，2013年4月，16-18ページ。

森雅子監修『消費者行政が変わる！消費者庁設置関連三法』，第一法規株式会社，2009年。

森本真治「消費者庁の徳島移転問題に対する民進党の対応」『消費者法ニュース』第109号，消費者法ニュース発行会議，2016年10月，249-251ページ。

矢井知章「消費者庁越境消費者センター（CCJ）の取り組みについて」『消費者法ニュース』第99号，消費者法ニュース発行会議，2014年4月，48-49ページ。

梁瀬和男『企業不祥事と奇跡の信頼回復—消費者庁設置と消費者重視経営を目指して—』同友館，2010年。

矢部丈太郎「消費者庁の創設と企業に求められる対応」『商工ジャーナル』第35巻第7号，日本商工経済研究所，2009年7月，38-41ページ。

山浦康明「消費者庁は消費者の期待に応えられるか」『世界』第797号，岩波書店，2009年11月，29-32ページ。

山口広「消費者委員会発足から1年の所感」『消費者法ニュース』第85号，消費者法ニュース発行会議，2010年10月，10-12ページ。

山口広「消費者委員会の2年間と今後」『消費者法ニュース』第89号，消費者法ニュース発行会議，2011年10月，21-23ページ。

山口広「第2期　消費者委員会のスタート」『消費者法ニュース』第90号，消費者法ニュース発行会議，2012年1月，5ページ。

山口広「東電の値上げと附則3項など—消費者委員会の報告—」『消費者法ニュース』第92号，消費者法ニュース発行会議，2012年7月，113-116ページ。

山口広「消費者委員会活動報告」『消費者法ニュース』第93号，消費者法ニュース発行会議，

2012年10月，32－34ページ。

山口広「健康食品建議と電気通信事業の提言など―消費者委員会の報告―」『消費者法ニュース』第94号，消費者法ニュース発行会議，2013年1月，18－20ページ。

山口広「消費者委員会の活動報告―リコール情報の徹底と健康食品など―」『消費者法ニュース』第95号，消費者法ニュース発行会議，2013年4月，19－23ページ。

山口広「消費者委員会の活動報告―消費者基本計画と詐欺的投資勧誘―」『消費者法ニュース』第96号，消費者法ニュース発行会議，2013年7月，145－147ページ。

山口広「消費者委員会の活動報告―指定権利制廃止とプロ責法の改正を―」『消費者法ニュース』第97号，消費者法ニュース発行会議，2013年10月，28－37ページ。

山口広「内閣府消費者委員会の今後」『消費者法ニュース』第98号，消費者法ニュース発行会議，2014年1月，15－17ページ。

山口広「消費者庁・消費者委・国センの徳島移転問題の重大性」『消費者法ニュース』第107号，消費者法ニュース発行会議，2016年4月，79－80ページ。

山下唯志「消費者庁発足へ―消費者行政の一元化と強化の課題―」『議会と自治体』第134号，日本共産党中央委員会，2009年6月，35－41ページ。

山下裕介『企業倫理研究序論―経営学的アプローチと倫理学的考察―』文理閣，2017年。

山田昭典「国民生活センター理事長就任にあたって」『消費者法ニュース』第126号，消費者法ニュース発行会議，2021年1月，43－44ページ。

山田香織「景品表示法に基づく消費者庁の措置命令に対して執行停止を命じた東京地裁決定と独禁法事件への影響」『NBL』第1051号，商事法務，2015年6月，79－81ページ。

山本憲光「消費者庁の設置と消費者事故等の情報開示制度への対応」『NBL』第926号，商事法務，2010年4月，54－61ページ。

山本隆司「消費者庁・消費者委員会――消費者安全――消費者情報」『ジュリスト』第1399号，有斐閣，2010年4月，21－34ページ。

山本隆司「第6次消費者委員会の発足にあたって」『消費者法ニュース』第121号，消費者法ニュース発行会議，2019年10月，30－ページ。

山本隆司「消費者委員会が現在取り組んでいるテーマ」『消費者法ニュース』第127号，消費者法ニュース発行会議，2021年4月，51ページ。

吉井伶奈「消費者行政新組織の創設―消費者庁と消費者権利院―」『調査と情報』第626号，国立国会図書館，2008年12月，1－11ページ。

吉岡和弘「動き出す『消費者庁』と『消費者委員会』」『ジュリスト』第1382号，有斐閣，2009年7月，37－44ページ。

吉川萬里子「消費者庁，消費者委員会，国民生活センターの徳島県への移転問題について」『消費者法ニュース』第107号，消費者法ニュース発行会議，2016年4月，74ページ。

吉田直美「信頼される行政を目指そう」『消費者法ニュース』第90号，消費者法ニュース発行会議，2012年1月，8ページ。

吉田信雄「消費者庁・消費者委員会発足から一年―何が課題となっているのか―」『前衛』第863号，日本共産党中央委員会，2010年11月，145－150ページ。

「ロングインタビュー 消費者庁長官阿南久氏に聞く―"消費者目線"の定着した消費者庁の今

後の展望―」『消費と生活』第317号，消費と生活社，2014年 5 月，30－33ページ。

渡邊貴大「内部通報制度の重要性と消費者庁における取組み」『Business law journal』第12
　巻第 6 号，レクシスネクシス・ジャパン，2019年 6 月，30－33ページ。

初出一覧

第1章　消費者庁設置構想をめぐる論争の研究

山下裕介「消費者庁設置構想をめぐる論争の研究」駒澤大学経済学会編『経済学論集』第50巻第4号，2019年2月，17-34ページ。＊加筆修正

第2章　消費者庁とCSR・企業倫理
―包括的なCSR・企業倫理行政を実現する体制・制度の検討―

山下裕介「消費者庁とCSR・企業倫理―包括的なCSR・企業倫理行政を実現する体制・制度の検討―」駒澤大学経済学会編『経済学論集』第54巻第1号，2022年10月1-15ページ。＊加筆修正

第3章　元・消費者庁長官へのヒアリング実施報告とその解説・考察
―消費者行政における総合調整機能と生活者・消費者市民―

山下裕介「元・消費者庁長官へのヒアリング実施報告とその解説・考察―消費者行政における総合調整機能と生活者・消費者市民―」『作大論集』第16号，作新学院大学，2023年2月刊行予定。＊加筆修正

第4章　内閣府消費者委員会の機能と課題

山下裕介「内閣府消費者委員会の機能と課題」『作大論集』第15号，作新学院大学，2022年8月，143-171ページ。＊加筆修正

付録1　戦後消費者行政史年表・解説

年　号　・　事　項	解　　　　説
1948年 ● 「不良マッチ退治主婦大会」	「奥むめお」（本名：奥梅尾）会長が呼びかけ，火のつかない粗悪マッチを優良マッチと取り替えろと抗議。
● 「主婦連合会」結成	「不良マッチ退治主婦大会」をきっかけに結成。主婦の全国組織（消費者団体）。
1960年 ● 「生活省」構想の提唱	主婦連合会の創設者「奥むめお」が池田勇人内閣総理大臣（当時）に「生活省」の設置を要望。
1961年 ● 経済企画庁「国民生活向上対策審議会」設置	経済企画庁（当時）の審議会。後の「国民生活審議会」の前身。
● 東京都「消費経済課」設置	東京都の消費者行政関連部署。
1962年 ● 「消費者問題委員会」構想の提唱	参議院予算委員会における奥むめお参議院議員（無所属）の質問。 ➡「各種業界をうしろだてにし，また，背負って立っている各官庁は，今のままでは消費者行政の推進役にはなれません。消費者を守るただ一つの役所といわれている公正取引委員会には，各省からの圧力が加わって微力だし，結局，各省と対等に話のできる消費者のための生活省とでもいうものを置くよりほかないと思うのでございます」。「行政簡素化をうたい出している今，役所の新設が無理だとしたならばやむを得ません。文化財保護委員会や原子力委員会のようなすっきりした消費者問題委員会を作って対策を急いだらどうでしょう」。
● 「不当景品類及び不当表示防止法」制定	2014年11月改正にて，不当表示を行った事業者に課徴金を課す制度を初めて導入。消費者へ自主的に返金した事業者に対する課徴金の減免制度も導入。

● 特殊法人「国民生活研究所」設立	後の特殊法人「国民生活センター」の前身。
● J.F.ケネディ米国大統領による「消費者の利益の保護に関する大統領特別教書」	四つの消費者の権利（安全の権利，選択の権利，知らされる権利，意見が反映される権利）を提唱。
1963年 ● 経済企画庁『国民生活向上対策審議会』答申	消費者保護行政の強化，消費者保護のための行政機関の新設や拡充強化を答申。
● 農林省「消費経済課」設置	農林省（当時）の消費者行政関連部署。
1964年 ● 臨時行政調査会が『消費者保護の改革に関する意見』を発表	(1) 消費者保護行政を統一的に統合調整するための消費者局の設置，(2) 学識経験者，消費者代表を含む消費者行政協議会の設置，(3) 地方公共団体における消費者行政専管担当機関の設置の勧告が成された。
● 通商産業省「消費経済課」設置	通商産業省（当時）の消費者行政関連部署。
● 経済企画庁「消費者行政課」設置	経済企画庁（当時）の消費者行政関連部署。
1965年 ● 経済企画庁「国民生活局」設置	経済企画庁（当時）の消費者行政関連部署。
● 第一次「国民生活審議会」設置	経済企画庁の審議会。現在の「内閣府消費者委員会」の前身。
1968年 ● 「消費者保護基本法」制定	日本の消費者法の頂点に位置する基本法。本法には「消費者の権利」が謳われていない。消費者の保護に関する基本的な施策の企画に関して審議し，及びその施策の実施を推進する「消費者保護会議」（会長：内閣総理大臣。委員：関係行政機関の長のうちから内閣総理大臣が任命。経済企画庁が担当官庁）の設置を定めているが，消費者の代表が参画できず，単なる行政機関の調整会議に過ぎないとの批判があった。後に「消費者基本法」に抜本的に改正される。 ➡産業界の育成を主目的とする各種の産業育成官庁に，事業者に対する規制監督権限を付与することで，消費者の利益の保護を目指すという基本構造。

1970年 ● 特殊法人「国民生活センター」設置	各地方公共団体（都道府県・市区町村）に，消費者啓発，苦情相談処理などのサービス行政を推進する「消費生活センター」（消費者センター，消費者相談室など，名称は設置根拠や規模などに応じて多様）を設置する動き。なお，「国民生活センター」も消費者からの直接相談を受けていたが，2011年4月に直接相談受付を廃止。2013年7月より，平日昼間に限り直接相談を再開。 ➡消費生活相談員の雇用形態（非正規が多い）や低賃金の問題。 ➡産業育成官庁による規制行政と，「国民生活センター」や消費生活センターによる支援行政との，二重行政という構造。
1989年 ● 日本弁護士連合会による「消費者庁」構想の提唱＜第32回人権擁護大会＞	シンポジウム第2分科会基調報告書にて発表。
1996年 ● 映画「スーパーの女」（伊丹十三監督）公開	作品の中でスーパーマーケットを舞台に，食品偽装問題を指摘。リパック問題（食品製品を回収して再度ラップし，日付ラベルを貼り替えて販売する行為）や，古くなった肉を挽き肉にして売る問題等々が描かれた。 ➡2000年代に顕著に社会問題化する食品偽装や食品安全の問題への批判を先取る内容。主人公である（宮本信子演じる）「井上花子」が，主婦目線（消費者目線）から，食品偽装だらけのスーパーの店舗を改革していく作品であり，企業側が消費者を重視することの重要性を示している。
2001年 ● 「中央省庁等改革」（いわゆる「中央省庁再編」）	1府22省庁から1府12省庁に再編。消費者行政の総合調整の役割をもつ経済企画庁は内閣府に統合され，内部部局であった国民生活局と物価局は「内閣府国民生活局」に統合。なお，再編に際しては，消費者団体から「消費者省」の創設や「消費者問題担

	当大臣」の任命などが主張されたが実現されず。
2003年 ●独立行政法人「国民生活センター」設置	特殊法人からの移行。
2004年 ●「消費者基本法」制定（「消費者保護基本法」の改正による）	第二条の「基本理念」で「消費者の権利」の尊重が謳われた。従来の「消費者保護会議」が「消費者政策会議」に改組され，「国民生活審議会」の意見を聴くことが必要に。同会議は，「消費者基本計画」の案の作成を行うとともに，消費者政策の実施状況を検証・評価・監視する。
2007年 ●福田康夫内閣総理大臣（当時）所信表明演説	内閣総理大臣就任時の所信表明演説で，消費者保護のための行政機能の強化に取り組むと明言。
●自由民主党政務調査会「消費者問題調査会」設置	会長は野田聖子代議士，事務局長は後藤田正純代議士（森雅子参議院議員が実質的な中心といわれる）。 ➡消費者行政の改革案（A案・B案・C案）を提示。 　A案：独立官庁型（新しい省庁の設置） 　B案：行政委員会型（内閣府国民生活局を行政委員会化して権限を強化。公正取引委員会と連携させる） 　C案：現組織機能強化型（内閣府国民生活局と「国民生活センター」の機能強化）
●「生活安心プロジェクト　緊急に講ずる具体的施策」（福田康夫内閣）	五つの分野（「食べる」「働く」「作る」「守る」「暮らす」）で61項目の政策を表明。
2008年 ●福田康夫内閣総理大臣（当時）による「新組織」設置表明	第169回国会における施政方針演説。各省庁縦割りになっている消費者行政を統一的・一元的に推進するための強い権限を持つ「新組織」（消費者を主役とする政府の舵取り役になる新官庁。現在の消費者庁のこと）を発足させ，併せて消費者行政担当大臣を常設することを表明。
●「消費者行政推進会議」の設置	消費者行政一元化のあり方を検討する有識者懇談会として，設置を閣議決定。岸田文雄内閣府特命担当大臣（国民生活担当）に，消費者行政推進担当大臣

	が追加発令。
●「消費者行政のあり方に関する最終とりまとめ（案）」（自由民主党政務調査会「消費者問題調査会」）	A案・B案・C案より，A案を支持する方向での取りまとめ。産業育成官庁から独立した「消費者庁」の創設と，それを率いる消費者担当大臣の任命などを提案。
●「消費者保護官」（消費者オンブズパーソン）制度の創設提案（民主党「人権・消費者調査会」）	野党第一党であった民主党（当時）による消費者行政改革案。国会が指名して天皇が認証する「中央消費者保護官」の下に消費者行政担当者を集めた事務局を設置し，都道府県には議会の指名にもとづき知事が任命する「都道府県消費者保護官」を設置するなどを提案。
●国民生活審議会総合企画部会報告書「『生活安心プロジェクト』行政のあり方総点検─消費者・生活者を主役とした行政への転換に向けて─」	「国民生活審議会総合企画部会」による，消費者行政改革の取りまとめ。「安全・安心で持続可能な未来に向けた社会的責任に関する円卓会議」設置の提唱を含む内容。
●国民生活審議会消費者政策部会報告書「国民生活センターのあり方」	「国民生活審議会消費者政策部会」による，消費者行政改革の取りまとめ。「国民生活センター」と「消費生活センター」を一体化し強化すること，国と地方の消費者行政の一元化などを提言。
●民主党（当時）が「消費者権利院法案」および「消費者団体訴訟法案」（消費者オンブズパーソン関連二法案）を「次の内閣」閣議において了承	「消費者権利院法案」： ➡消費者オンブズパーソン的な役割を担う「消費者権利官」（国会の議決を経て内閣が任命し，天皇が認証。民間からの政治任用）を長として内閣からも国会からもある程度独立した第四権的位置づけの「消費者権利院」の設置，「国民生活センター」と消費生活センターを「消費者権利院」に取り込む，都道府県に「地方消費者権利官」「地方消費者権利局」を設置など。 「消費者団体訴訟法案」： ➡違法に得た利益を事業者から剥奪して消費者の被害を回復する制度。適格消費者団体に損害賠償請求の代表訴訟を認め，「消費者権利院」は被害者を支援し，「消費者権利官」は財産保全手続きを取れる。また，適格消費者団体を認定制度ではなく登録制度化するなど。

● 「消費者行政推進会議」（第8回会議）取りまとめ	「消費者行政推進会議取りまとめ―消費者・生活者の視点に立つ行政への転換―」を作成。「新組織」（消費者庁）は、「表示」「取引」「安全」「物価・生活」に関わる計30の法令を他省庁から移管、共管するとされた（後に、実際に移管・共管された法令は29に留まった）。また、消費者政策委員会（仮称）の設置も盛り込まれた。
● 福田康夫内閣閣議決定「消費者行政推進基本計画―消費者・生活者の視点に立つ行政への転換―」	「消費者行政推進会議」（第8回会議）取りまとめを、ほぼそのまま取り込んだ内容を閣議決定。
● 「消費者行政推進会議」第9回会議にて岸田消費者行政推進担当大臣が、「食品安全委員会」については「消費者庁」（仮称）に移管しない方針を表明	「食品安全委員会」は、あくまでも科学的見地から中立的にリスク評価を行う必要がある故に、内閣府に独立したまま存続（但し、後に消費者行政を担当する大臣が食品安全行政を担当する大臣を兼務することで、両行政の一体化を図ることになり、「内閣府特命担当大臣（消費者及び食品安全担当）」が内閣に常設されることとなった）。
● 福田康夫内閣「消費者庁関連三法案」を閣議決定	福田康夫内閣総理大臣（当時）が辞意表明（9月1日）した後の9月19日に閣議決定。関連三法案は、「消費者庁設置法案」「消費者庁設置法の施行に伴う関係法律の整備に関する法案」「消費者安全法案」。
● 福田康夫内閣総辞職後に麻生太郎内閣成立	9月24日（第170回国会召集日）。9月29日に麻生太郎内閣は「消費者庁関連三法案」を衆議院に提出。同日の所信表明演説で、消費者、生活者の味方をさせるために消費者庁を設置する旨を表明するも、会期内に成立せずに継続審査に。
2009年 ● 高等学校の学習指導要領を改訂（文部科学省）	消費者教育の充実が盛り込まれた。
● 「国民生活センター」ADR開始	ADRとは「裁判外紛争解決手続」のこと。
● 「消費者権利院法案」を民主党（当時）が衆議院に提出	政府与党案（「消費者庁関連三法」）への対案。「消費者権利院」構想の一部は、最終的に内閣府消費者委員会として実現。
● 「消費者庁関連三法」成立	「消費者庁関連三法」（「消費者庁及び消費者委員会設置法」「消費者庁及び消費者委員会設置法の施行

	に伴う関係法律の整備に関する法律」「消費者安全法」）が衆参両院で全会一致で成立（第171回国会）。なお，衆参ともに異例の数の付帯決議がついた。
● 内閣府消費者委員会委員長人事の混乱	麻生太郎政権により消費者委員会委員長に内定していた，TV番組出演などで人気のあった弁護士が，就任辞退。同氏は消費者金融の代理人を務める弁護士と同じ事務所に所属し，多重債務対策などにもかかわる消費者委員会の長には相応しくないと批判されていた。また，委員長は委員の互選により選任するという法律の規定を無視した内定も問題視された。
● 民主党政権発足	第45回衆議院議員総選挙の結果，民主党・社民党・国民新党による連立政権が発足。なお，民主党のマニフェストには「食品安全庁」構想が示されていた。 ➡農水省の消費・安全局の一部と厚労省の食品安全部を統合して農水省の外局として設置する案（結果的に実現せず）。
● 消費者庁及び消費者委員会発足	9月1日。消費者庁の当初の職員定員は202人（主に各省庁より参集。なお，定員は毎年増加していく）。
● 初代の消費者庁長官と消費者委員会委員長が就任	初代消費者庁長官に，前内閣府事務次官の内田俊一氏が就任（消費者庁次長には前内閣府国民生活局長の田中孝文氏が就任）。消費者委員会の初会合では，一橋大学法科大学院長の松本恒雄氏が委員の互選により委員長に選任。
● 高額庁舎問題	消費者庁は首相官邸に近い「山王パークタワー」（東京・永田町）の4階から6階に入居。6階は主に消費者委員会が使用。但し，年間8億円の賃料（テナント料）が高すぎると問題に（2016年3月に合同庁舎へ引越）。
2010年 ● 内閣府消費者委員会が初の建議	自動車リコール制度に関する建議。
● 「事故調査機関の在り方に関する検討会」設置	法律学・医学・工学・心理学等の関係分野の有識者と被害者遺族や消費者団体の委員から成る検討会。

● 「国民生活センターの在り方の見直しに係るタスクフォース」設置	菅直人第1次改造内閣議決定「独立行政法人の事務・事業の見直しの基本方針」において、「国民生活センター」については、必要な機能を消費者庁に一元化し、法人を廃止することを含め法人の在り方を検討するとされ、「国民生活センター」と消費者庁の幹部職員による「国民生活センターの在り方の見直しに係るタスクフォース」が設置。 ➡新組織ゆえに知見やノウハウが不足する消費者庁と、知見やノウハウが蓄積されているが、業務は法律上の権限のない注意喚起に留まる「国民生活センター」とを一体化することで、消費者行政を強化し、業務に重なりがある二重行政も解消できることを意図。また、「国民生活センター」の常勤職員は原則、消費者庁のプロパー（生え抜き職員）として採用する方針。
2011年 ● 「事故調査機関の在り方に関する検討会」取りまとめ	警察庁・消防庁・法務省・厚生労働省・経済産業省・国土交通省・NITE（独立行政法人 製品評価技術基盤機構）・「国民生活センター」等の関係省庁と機関の協力を得て取りまとめを作成。 ➡「消費者事故等調査機関（仮称)」と「消費者事故等調査評価会議（仮称)」の設置を提唱。 必要な機能： ①専門分野ごとの事故調査を担う機能 ②「すき間事案」の事故調査を担う機能 ③前記二つを評価して横断的テーマを検討する機能
● 「国民生活センター」と消費者庁との「統合案」に対して消費者団体から強い懸念と批判	「国民生活センター」が中央官庁化すると、業務が法的根拠にとらわれて、これまで柔軟に運用していた相談斡旋業務や情報発信業務が硬直化するなどを懸念。
● 「国民生活センターの在り方の見直しに関する検証会議」設置	当時の細野豪志内閣府特命担当大臣（消費者及び食品安全担当）が、「国民生活センターの在り方の見直しに係るタスクフォース」の取りまとめた結論を閣議決定に持ち込まず、第三者による検証作業を経て最終的に政務として判断を下す旨を決断。 ➡検証会議の結論：

	①「国民生活センター」の各機能は国へ移行する方が現実的。 ②「政府から独立した法人」化案については，選択肢の一つとして留意。 ③別途検討を継続し，議論を続ける。
●「消費者庁越境消費者センター（CCJ：Cross-border Consumer center Japan）」開設	消費者庁の委託事業。海外通販等でのトラブルの相談窓口。インターネットを利用した越境消費者取引でのトラブルに関する相談対応及び海外の消費者相談機関との連携体制の構築に関する実証調査を意図した機関（2015年3月以後は「国民生活センター」に移管）。
2012年 ●「国民生活センターの国への移行を踏まえた消費者行政の在り方に関する検討会」設置	取りまとめ： ①消費者行政の機能強化を図るため，司令塔機能の強化が必要。 ②消費者行政を担う職員の確保と養成，消費者問題に対する地方公共団体や民間も含めた総合力の充実が必要。 ③「国民生活センター」を「特別の機関」として消費者庁に移行。 ➡当時の松原仁内閣府特命担当大臣（消費者及び食品安全担当）により「特別の機関」への移行作業が開始。
●「消費者教育推進法案」成立	悪質商法などの被害防止と消費者の自立支援を目的とする。 ➡消費者が「公正かつ持続可能な社会の形成に積極的に参画する社会」（2条2項）を「消費者市民社会」と定義づける。日本の法律で初めて「消費者市民社会」という用語を使用したとされる。
●「消費者教育推進会議」設置（消費者庁）	「消費者教育推進法」に基づく。消費者教育の総合的，体系的かつ効果的な推進に関して，委員相互の情報の交換及び調整を行うことを規定。内閣総理大臣と文部科学大臣が「案」を作成し，閣議により決定する「消費者教育の推進に関する基本的な方針」に対して意見を述べることも所掌事務として有する。

●「消費者安全調査委員会」(通称：消費者事故調)が発足(消費者庁)	改正「消費者安全法」の施行による。初代委員長に「失敗学」の畑村洋太郎氏。 ➡消費者事故等の原因を究明し，その発生または拡大の防止を図ることを目的として設置された機関。被害の拡大や再発防止のために講ずるべき施策や措置について内閣総理大臣への勧告や関係行政機関への提言を行う。委員会は内閣総理大臣が任命する非常勤の委員7人以内で組織され任期は2年。必要に応じて臨時委員，専門委員が任命され，「事故調査部会」や「製品事故情報専門調査会」などの下部組織を有する。関係者への聞き取りや現場への立入検査などの権限を有する。 ➡国土交通省運輸安全委員会が担当する航空・鉄道・船舶事故を除く食品事故分野，製品事故分野，施設事故分野，役務事故分野について，自ら調査を行い，あるいはこれら各分野に存在する既存の各調査機関が行った事故調査を評価する。
●民主党政権崩壊	第46回衆議院議員総選挙の結果，自由民主党と公明党が政権復帰。
2013年 ●「消費者行政の体制整備のための意見交換会」が設置	「国民生活センター」の移行計画を凍結して「中間整理」を公表。 ①消費者庁，消費者委員会，「国民生活センター」の三者の緊密な連携が必要。 ②「国民生活センター」見直しの経緯の結果，同センターの機能が低下しているので，早急に回復させる。 ③「国民生活センター」の各機能の一体性の確保と維持・充実を，消費者行政強化の視点から検討。
●「国民生活センター」と消費者庁との「統合案」撤回表明	当時の森雅子内閣府特命担当大臣(消費者及び食品安全担当)による。「国民生活センター」は中期目標管理法人として存続させる方針に。
●「消費者裁判手続特例法」公布	内閣総理大臣の認定する「特定適格消費者団体」が，消費者被害の集団的な回復を図るための裁判手続を，消費者に代わって行うことを可能とする制度。

2014年 ● 「消費者安全調査委員会」が初の調査報告書を公表	幼稚園で発生したプール事故に関する調査結果報告書の公表。
● 「不当景品類及び不当表示防止法」改正	違反事業者への課徴金制度の導入が実現。
2015年 ● 「消費者庁越境消費者センター」が「国民生活センター越境消費者センター（CCJ）」へ移行	「国民生活センター」に移管しての改称。海外通販等でのトラブルの相談体制を整備して事業として恒常的に行うことを目的とする。
● 消費者庁・消費者委員会・「国民生活センター」の「徳島移転問題」発生	当時の河野太郎内閣府特命担当大臣（消費者及び食品安全担当）が意欲を示す。 ➡いわゆる「アベノミクス」のなかでも地方活性化を図る政策「まち・ひと・しごと総合戦略」において進められた，政府関係機関の地方移転計画。都道府県に対して誘致提案を募り，42道府県から69機関の誘致提案があった。徳島県は，消費者庁・「国民生活センター」他6機関の誘致を提案。 ➡以後，各種の消費者団体や消費者庁内から移転反対論が噴出。
2016年 ● 消費者庁職員「天下り」問題	内閣府再就職等監視委員会が消費者庁を指導。 ➡特定商取引法担当部署の課長補佐（当時）が，2014年8月から2015年3月の間に，利害関係のあった企業側に「定年退職」「最後の仕事」などと伝え，社長との面会を要求。結果，定年退職後に同企業の顧問に就任。
● 「政府関係機関の地方移転にかかる今後の取り組みについて」が決定（「徳島移転問題」）	内閣に設置されている「まち・ひと・しごと創生本部」による決定。 ➡①平成29年度（2017年度）に「消費者行政新未来創造オフィス（仮称)」を徳島県に開設する。 ②「国民生活センター」は徳島県において，主として関西・中国・四国地域の対象者を中心とした研修を継続し，県の協力を得て（相模原施設では実施できなかった）先駆的な商品

	テストのプロジェクトを実施する。 ③本取り組みは，３年後を目途に検証・見直しを行って，結論を得る。 ④消費者委員会は，①②の取り組みにつき，消費者行政の進化の観点から，その成果を検証して提言・助言を行い，３年後の見直しに当たって意見を述べる。
2017年 ●消費者庁「消費者行政新未来創造オフィス」設置	徳島県にて開設。
2018年 ●消費者志向自主宣言事業者の公表（消費者庁）	消費者庁による企業・経営者に対する啓発事業。
●「消費者契約法」改正	旧統一教会（世界基督教統一神霊協会のこと。現・世界平和統一家庭連合）の霊感商法で結んだ契約の取り消しが可能に。
2019年 ●消費者庁・消費者委員会・「国民生活センター」の「徳島移転問題」が決着	徳島移転計画案（及びそれに係る検証事業）の３年後の見直しにより，「消費者行政新未来創造オフィス」は2020年度から「消費者庁新未来創造戦略本部」に。同戦略本部は，全国展開を見据えたモデルプロジェクトの拠点，消費者政策の研究拠点，新たな国際業務の拠点，地方との連携強化を進める拠点，首都圏における大規模災害発生時の消費者庁のバックアップ機能を担う拠点，消費者庁の「働き方改革」の拠点とする。なお，戦略本部には専門的な研究部門として「国際消費者政策研究センター」が設置されて研究機能が強化される。 ➡徳島移転計画は事実上白紙に。
2020年 ●「消費者庁新未来創造戦略本部」設置	徳島県にて「消費者行政新未来創造オフィス」の改称と機能強化により開設。「国際消費者政策研究センター」も併設。
2022年 ●安倍晋三元内閣総理大臣が選挙応援演説中に暗殺	旧統一教会による霊感商法被害が犯行動機と報道される。

- 旧統一教会関係者と政治家との癒着が社会問題化

当時の河野太郎内閣府特命担当大臣（消費者及び食品安全担当）が霊感商法に関する検討会を消費者庁に設置することを表明。

- 「『旧統一教会』問題関係省庁連絡会議」設置

法務大臣の主宰。法務省，内閣官房，警察庁，消費者庁が参加。その後，厚生労働省，文部科学省，総務省，外務省も参加。

- 消費者庁「霊感商法等の悪質商法への対策検討会」設置

全国霊感商法対策弁護士連絡会の紀藤正樹弁護士も委員に加わる。なお，座長は，元消費者委員会委員長の河上正二東京大学名誉教授。

- 内閣府特命担当大臣（消費者及び食品安全担当）が重大な消費者問題を起こす宗教法人への解散命令について言及

当時の河野太郎大臣が「（旧統一教会の）解散命令まで消費者庁が関わったり，解散命令まで踏み込めと文部科学省に働きかけたりすることになるかもしれない」と発言。

- 消費者庁「霊感商法等の悪質商法への対策検討会」報告書が公表

本報告書を受け，岸田文雄内閣総理大臣（当時）は，（宗教法人の）解散命令請求も視野に入ることになる宗教法人法に基づく調査を，旧統一教会に対し実施するよう，永岡桂子文部科学大臣（当時）に指示。

➡同報告書では，「消費者庁の所掌事務の範囲を超える事項については，消費者庁は，それぞれの行政機関における実施を強く働きかけるべきである」とされた。

＊企業と同じように，宗教法人もまた事業者である。
　　民間企業・・・営利事業者
　　宗教法人・・・非営利事業（布教事業）者
従って，企業倫理と同じく事業者倫理の問題として，旧統一教会の問題は捉えられる。それは，消費者（→霊感商法被害者＝霊感商法商品購入者）・生活者（→消費者ではないが，多額の寄付などで教団とのトラブルに見舞われる信者及びその家族・関係者）の権利・利益を擁護するという立場から，消費者庁が所管事務の範囲を超えて，他官庁に対応要請（行政各部の施策の総合調整）をする問題であり，このケースでは事実，消費者庁の

	対応要請により，結果的に文部科学省が動いた。

出所：本書の参考文献全体を元に筆者作成。

付録2 歴代消費者担当大臣及び消費者庁長官一覧

歴代消費者担当大臣一覧（2008年～2022年）

官職名	氏 名	在任期間
消費者行政推進担当大臣（国務大臣）	岸田 文雄	2008年2月～2008年8月
消費者行政推進担当大臣（国務大臣）	野田 聖子	2008年8月～2009年9月
内閣府特命担当大臣（消費者担当）	野田 聖子	2009年9月～2009年9月
内閣府特命担当大臣（消費者及び食品安全担当）	福島 瑞穂	2009年9月～2010年5月
内閣府特命担当大臣（消費者及び食品安全担当）	荒井 聰	2010年6月～2010年9月
内閣府特命担当大臣（消費者及び食品安全担当）	岡崎 トミ子	2010年9月～2011年1月
内閣府特命担当大臣（消費者及び食品安全担当）	蓮 舫	2011年1月～2011年6月
内閣府特命担当大臣（消費者及び食品安全担当）	細野 豪志	2011年6月～2011年9月
内閣府特命担当大臣（消費者及び食品安全担当）	山岡 賢次	2011年9月～2012年1月
内閣府特命担当大臣（消費者及び食品安全担当）	松原 仁	2012年1月～2012年10月
内閣府特命担当大臣（消費者及び食品安全担当）	小平 忠正	2012年10月～2012年12月
内閣府特命担当大臣（消費者及び食品安全担当）	森 雅子	2012年12月～2014年9月
内閣府特命担当大臣（消費者及び食品安全担当）	有村 治子	2014年9月～2014年12月
内閣府特命担当大臣（消費者及び食品安全担当）	山口 俊一	2014年12月～2015年10月
内閣府特命担当大臣（消費者及び食品安全担当）	河野 太郎	2015年10月～2016年8月
内閣府特命担当大臣（消費者及び食品安全担当）	松本 純	2016年8月～2017年8月
内閣府特命担当大臣（消費者及び食品安全担当）	江﨑 鐵磨	2017年11月～2018年2月
内閣府特命担当大臣（消費者及び食品安全担当）	福井 照	2018年2月～2018年10月
内閣府特命担当大臣（消費者及び食品安全担当）	宮腰 光寛	2018年10月～2019年9月
内閣府特命担当大臣（消費者及び食品安全担当）	衛藤 晟一	2019年9月～2020年9月
内閣府特命担当大臣（消費者及び食品安全担当）	井上 信治	2020年9月～2021年10月
内閣府特命担当大臣（消費者及び食品安全担当）	若宮 健嗣	2021年10月～2022年8月
内閣府特命担当大臣（消費者及び食品安全担当）	河野 太郎	2022年8月～現職

出所：筆者作成。

歴代消費者庁長官一覧（2009年〜2022年）

代	氏　名	主な前職（補足事項）	在任期間
初代	内田　俊一	内閣府事務次官（国家公務員）	2009年9月〜2010年8月
2代	福嶋　浩彦	我孫子市長（2007年1月まで）（民間初）	2010年8月〜2012年8月
3代	阿南　久	全国消費者団体連絡会事務局長（女性初・民間）	2012年8月〜2014年8月
4代	板東　久美子	文部科学省文部科学審議官（女性・国家公務員）	2014年8月〜2016年8月
5代	岡村　和美	法務省人権擁護局長（女性・国家公務員）	2016年8月〜2019年7月
6代	伊藤　明子	国土交通省住宅局長（女性・国家公務員）	2019年7月〜2022年7月
7代	新井　ゆたか	農林水産省農林水産審議官（女性・国家公務員）	2022年7月〜現職

出所：筆者作成。

付録3　消費者庁職員定員の変遷（2009年～2018年）

	2009	→	2010	→	2011	→2012→	2013	→	2014	→2015→	2016	→2017→	2018
長官	1名	〃 1名		〃 1名		〃 1名	〃 1名		〃 1名	〃 1名	〃 1名	〃 1名	〃 1名
次長	1名	〃 1名		〃 1名		〃 1名	〃 1名		〃 1名	〃 1名	〃 1名	〃 1名	〃 1名
審議官	2名	〃 2名		〃 3名		〃 3名	〃 3名		〃 4名	〃 4名	〃 4名	〃 4名	〃 4名
参事官	2名	〃 2名		〃 1名		〃 1名	〃 1名		〃 1名	〃 1名	〃 1名	〃 2名	〃 2名
総務課	20名	〃 20名		〃 29名		〃 29名	〃 29名		〃 29名	〃 30名	〃 31名	〃 37名	〃 42名
政策調整課	20名	〃 20名		消費者政策課 33名		〃 35名	〃 48名		〃 47名	〃 42名	〃 42名	〃 40名	〃 39名
企画課	25名	〃 27名		消費者制度課 24名		〃 24名	〃 20名		〃 22名	〃 19名	〃 19名	〃 20名	〃 21名
消費者情報課	31名	〃 23名		消費生活情報課 14名		〃 14名	〃 19名		消費者調査課 22名	〃 17名	〃 17名	〃 21名	〃 20名
消費者安全課	18名	〃 18名		〃 33名		〃 43名	〃 42名		〃 41名	〃 41名	〃 41名	〃 42名	〃 45名
取引・物価対策課	23名	〃 23名		取引対策課 30名		〃 30名	〃 28名		〃 27名	〃 28名	〃 28名	〃 30名	〃 36名
表示対策課	36名	〃 36名		〃 47名		〃 44名	〃 48名		〃 54名	〃 65名	〃 73名	〃 72名	〃 73名
食品表示課	23名	〃 23名		〃 34名		〃 33名	食品表示企画課 29名		〃 32名	〃 31名	〃 32名	〃 35名	〃 34名
（未設置）		地方協力課 21名		〃 20名		〃 21名	〃 20名		消費者教育・地方協力課 20名	〃 29名	〃 30名	〃 29名	〃 28名
（合計）	202名	（合計）217名		（合計）270名		（合計）279名	（合計）289名		（合計）301名	（合計）309名	（合計）320名	（合計）334名	（合計）346名

出所：次の文献を元に筆者作成。濱崎真也「消費者庁の発足後10年の変遷と課題（主に体制
面からの考察）」『季刊行政管理研究』第168号，行政管理研究センター，2019年12月，
65ページ。

付録4 消費者庁及び消費者委員会設置関連法令

○消費者庁及び消費者委員会設置法（平成二十一年法律第四十八号）

施行日：令和四年六月一日（令和三年法律第七十二号による改正）【＊令和4年6月1日現在】

第一章　総則

（趣旨）

第一条　この法律は，消費者庁の設置並びに任務及びこれを達成するため必要となる明確な範囲の所掌事務を定めるとともに，消費者委員会の設置及び組織等を定めるものとする。

第二章　消費者庁の設置並びに任務及び所掌事務等

第一節　消費者庁の設置

（設置）

第二条　内閣府設置法（平成十一年法律第八十九号）第四十九条第三項の規定に基づいて，内閣府の外局として，消費者庁を設置する。

2　消費者庁の長は，消費者庁長官（以下「長官」という。）とする。

第二節　消費者庁の任務及び所掌事務等

（任務）

第三条　消費者庁は，消費者基本法（昭和四十三年法律第七十八号）第二条の消費者の権利の尊重及びその自立の支援その他の基本理念にのっとり，消費者が安心して安全で豊かな消費生活を営むことができる社会の実現に向けて，消費者の利益の擁護及び増進，商品及び役務の消費者による自主的かつ合理的な選択の確保並びに消費生活に密接に関連する物資の品質に関する表示に関する事務を行うことを任務とする。

2　前項に定めるもののほか，消費者庁は，同項の任務に関連する特定の内閣の重要政策に関する内閣の事務を助けることを任務とする。

3　消費者庁は，前項の任務を遂行するに当たり，内閣官房を助けるものとする。

（所掌事務）

第四条　消費者庁は，前条第一項の任務を達成するため，次に掲げる事務（第六条第二項に規定する事務を除く。）をつかさどる。

一　消費者の利益の擁護及び増進に関する基本的な政策の企画及び立案並びに推進に関すること。

二　消費者の利益の擁護及び増進に関する関係行政機関の事務の調整に関すること。

三　消費者の利益の擁護及び増進を図る上で必要な環境の整備に関する基本的な政策の企画及び立案並びに推進に関すること。

四　消費者安全法（平成二十一年法律第五十号）の規定による消費者安全の確保に関すること。

五　宅地建物取引業法（昭和二十七年法律第百七十六号）の規定による宅地建物取引業者の相手方等（同法第三十五条第一項第十四号イに規定するものに限る。）の利益の保護に関すること。

六　旅行業法（昭和二十七年法律第二百三十九号）の規定による旅行者の利益の保護に関すること。

七　割賦販売法（昭和三十六年法律第百五十九号）の規定による購入者等（同法第一条第一項に規定するものをいう。）の利益の保護に関すること。

八　消費生活用製品安全法（昭和四十八年法律第三十一号）第三章第二節の規定による重大製品事故に関する措置に関すること。

九　特定商取引に関する法律（昭和五十一年法律第五十七号）の規定による購入者等（同法第一条に規定するものをいう。）の利益の保護に関すること。

十　貸金業法（昭和五十八年法律第三十二号）の規定による個人である資金需要者等（同法第二十四条の六の三第三項に規定するものをいう。）の利益の保護に関すること。

十一　預託等取引に関する法律（昭和六十一年法律第六十二号）の規定による預託者の利益の保護に関すること。

十二　特定電子メールの送信の適正化等に関する法律（平成十四年法律第二十六号）の規定による特定電子メールの受信をする者の利益の保護に関すること。

十三　食品安全基本法（平成十五年法律第四十八号）第二十一条第一項に規定する基本的事項の策定並びに食品の安全性の確保に関する関係者相互間の情報及び意見の交換に関する関係行政機関の事務の調整に関すること。

十三の二　消費者教育の推進に関する法律（平成二十四年法律第六十一号）第九条第一項に規定する消費者教育の推進に関する基本的な方針の策定及び推進に関すること。

十三の三　食品ロスの削減の推進に関する法律（令和元年法律第十九号）第十一条第一項に規定する食品ロスの削減の推進に関する基本的な方針の策定及び推進に関すること。

十三の四　取引デジタルプラットフォームを利用する消費者の利益の保護に関する法律（令和三年法律第三十二号）の規定による取引デジタルプラットフォームを利用する消費者（同法第二条第三項に規定するものをいう。）の利益の保護に関すること。

十四　不当景品類及び不当表示防止法（昭和三十七年法律第百三十四号）第二条第三項又は第四項に規定する景品類又は表示（第六条第二項第一号ハにおいて「景品類等」という。）の適正化による商品及び役務の消費者による自主的かつ合理的な選択の確保に関

すること。

十四の二　食品表示法（平成二十五年法律第七十号）の規定による販売の用に供する食品に関する表示の適正の確保に関すること。

十四の三　米穀等の取引等に係る情報の記録及び産地情報の伝達に関する法律（平成二十一年法律第二十六号）の施行に関する事務のうち同法第二条第三項に規定する指定米穀等の産地の伝達（酒類の販売，輸入，加工，製造又は提供の事業に係るものを除く。）に関すること。

十五　食品衛生法（昭和二十二年法律第二百三十三号）第十九条第一項（同法第六十八条第一項において準用する場合を含む。）に規定する表示についての基準に関すること。

十六　食品衛生法第二十条（同法第六十八条第一項において準用する場合を含む。）に規定する虚偽の又は誇大な表示又は広告のされた同法第四条第一項，第二項，第四項若しくは第五項に規定する食品，添加物，器具若しくは容器包装又は同法第六十八条第一項に規定するおもちゃの取締りに関すること。

十七　日本農林規格等に関する法律（昭和二十五年法律第百七十五号）第五十九条第一項に規定する基準に関すること。

十八　家庭用品品質表示法（昭和三十七年法律第百四号）第三条第一項に規定する表示の標準となるべき事項に関すること。

十九　住宅の品質確保の促進等に関する法律（平成十一年法律第八十一号）第二条第三項に規定する日本住宅性能表示基準に関すること（個人である住宅購入者等（同条第四項に規定するものをいう。）の利益の保護に係るものに限る。）。

二十　健康増進法（平成十四年法律第百三号）第四十三条第一項に規定する特別用途表示及び同法第六十五条第一項に規定する表示に関すること。

二十一　物価に関する基本的な政策の企画及び立案並びに推進に関すること。

二十二　公益通報者（公益通報者保護法（平成十六年法律第百二十二号）第二条第二項に規定するものをいう。第六条第二項第一号ホにおいて同じ。）の保護に関すること。

二十三　消費生活の動向に関する総合的な調査に関すること。

二十四　所掌事務に係る国際協力に関すること。

二十五　政令で定める文教研修施設において所掌事務に関する研修を行うこと。

二十六　前各号に掲げるもののほか，法律（法律に基づく命令を含む。）に基づき消費者庁に属させられた事務

2　前項に定めるもののほか，消費者庁は，前条第二項の任務を達成するため，行政各部の施策の統一を図るために必要となる次に掲げる事項の企画及び立案並びに総合調整に関する事務（内閣官房が行う内閣法（昭和二十二年法律第五号）第十二条第二項第二号に掲げる事務を除く。）をつかさどる。

一　消費者基本法第二条の消費者の権利の尊重及びその自立の支援その他の基本理念の実

現並びに消費者が安心して安全で豊かな消費生活を営むことができる社会の実現のための基本的な政策に関する事項
二　食品の安全性の確保を図る上で必要な環境の総合的な整備に関する事項
3　前二項に定めるもののほか，消費者庁は，前条第二項の任務を達成するため，内閣府設置法第四条第二項に規定する事務のうち，前条第一項の任務に関連する特定の内閣の重要政策について，当該重要政策に関して閣議において決定された基本的な方針に基づいて，行政各部の施策の統一を図るために必要となる企画及び立案並びに総合調整に関する事務をつかさどる。

（資料の提出要求等）
第五条　長官は，消費者庁の所掌事務を遂行するため必要があると認めるときは，関係行政機関の長に対し，資料の提出，説明その他必要な協力を求めることができる。

第三節　審議会等

（設置）
第五条の二　別に法律で定めるところにより消費者庁に置かれる審議会等は，次のとおりとする。
　消費者安全調査委員会
　消費者教育推進会議

（消費者安全調査委員会）
第五条の三　消費者安全調査委員会については，消費者安全法（これに基づく命令を含む。）の定めるところによる。

（消費者教育推進会議）
第五条の四　消費者教育推進会議については，消費者教育の推進に関する法律（これに基づく命令を含む。）の定めるところによる。

第三章　消費者委員会

（設置）
第六条　内閣府に，消費者委員会（以下この章において「委員会」という。）を置く。
2　委員会は，次に掲げる事務をつかさどる。
一　次に掲げる重要事項に関し，自ら調査審議し，必要と認められる事項を内閣総理大臣，関係各大臣又は長官に建議すること。
　イ　消費者の利益の擁護及び増進に関する基本的な政策に関する重要事項

　ロ　消費者の利益の擁護及び増進を図る上で必要な環境の整備に関する基本的な政策に関する重要事項

　ハ　景品類等の適正化による商品及び役務の消費者による自主的かつ合理的な選択の確保に関する重要事項

　ニ　物価に関する基本的な政策に関する重要事項

　ホ　公益通報者の保護に関する基本的な政策に関する重要事項

　ヘ　消費生活の動向に関する総合的な調査に関する重要事項

二　内閣総理大臣，関係各大臣又は長官の諮問に応じ，前号に規定する重要事項に関し，調査審議すること。

三　消費者安全法第四十三条の規定により，内閣総理大臣に対し，必要な勧告をし，これに基づき講じた措置について報告を求めること。

四　消費者基本法，消費者安全法（第四十三条を除く。），割賦販売法，特定商取引に関する法律，預託等取引に関する法律，食品安全基本法，消費者教育の推進に関する法律，不当景品類及び不当表示防止法，食品表示法，食品衛生法，日本農林規格等に関する法律，家庭用品品質表示法，住宅の品質確保の促進等に関する法律，国民生活安定緊急措置法（昭和四十八年法律第百二十一号）及び公益通報者保護法の規定によりその権限に属させられた事項を処理すること。

（職権の行使）

第七条　委員会の委員は，独立してその職権を行う。

（資料の提出要求等）

第八条　委員会は，その所掌事務を遂行するため必要があると認めるときは，関係行政機関の長に対し，報告を求めることができるほか，資料の提出，意見の開陳，説明その他必要な協力を求めることができる。

（組織）

第九条　委員会は，委員十人以内で組織する。

2　委員会に，特別の事項を調査審議させるため必要があるときは，臨時委員を置くことができる。

3　委員会に，専門の事項を調査させるため必要があるときは，専門委員を置くことができる。

（委員等の任命）

第十条　委員及び臨時委員は，消費者が安心して安全で豊かな消費生活を営むことができる社会の実現に関して優れた識見を有する者のうちから，内閣総理大臣が任命する。

2　専門委員は，当該専門の事項に関して優れた識見を有する者のうちから，内閣総理大臣が任命する。

（委員の任期等）

第十一条　委員の任期は，二年とする。ただし，補欠の委員の任期は，前任者の残任期間とする。

2　委員は，再任されることができる。

3　臨時委員は，その者の任命に係る当該特別の事項に関する調査審議が終了したときは，解任されるものとする。

4　専門委員は，その者の任命に係る当該専門の事項に関する調査が終了したときは，解任されるものとする。

5　委員，臨時委員及び専門委員は，非常勤とする。

（委員長）

第十二条　委員会に，委員長を置き，委員の互選により選任する。

2　委員長は，会務を総理し，委員会を代表する。

3　委員長に事故があるときは，あらかじめその指名する委員が，その職務を代理する。

（事務局）

第十三条　委員会の事務を処理させるため，委員会に事務局を置く。

2　事務局に，事務局長のほか，所要の職員を置く。

3　事務局長は，委員長の命を受けて，局務を掌理する。

（政令への委任）

第十四条　第六条から前条までに定めるもののほか，委員会に関し必要な事項は，政令で定める。

　　　附　則

（施行期日）

1　この法律は，公布の日から起算して一年を超えない範囲内において政令で定める日から施行する。

（検討）

2　政府は，消費者委員会の委員について，この法律の施行後二年以内の常勤化を図ることを検討するものとする。

3　政府は，この法律，消費者庁及び消費者委員会設置法の施行に伴う関係法律の整備に関する法律（平成二十一年法律第四十九号）及び消費者安全法（以下「消費者庁関連三法」

という。）の施行後三年以内に，消費者被害の発生又は拡大の状況，消費生活相談等に係る事務の遂行状況その他経済社会情勢等を勘案し，消費者の利益の擁護及び増進を図る観点から，消費者の利益の擁護及び増進に関する法律についての消費者庁の関与の在り方を見直すとともに，当該法律について消費者庁及び消費者委員会の所掌事務及び組織並びに独立行政法人国民生活センターの業務及び組織その他の消費者行政に係る体制の更なる整備を図る観点から検討を加え，必要な措置を講ずるものとする。

4　政府は，消費者庁関連三法の施行後三年以内に，消費生活センター（消費者安全法第十条第三項に規定する消費生活センターをいう。）の法制上の位置付け並びにその適正な配置及び人員の確保，消費生活相談員の待遇の改善その他の地方公共団体の消費者政策の実施に対し国が行う支援の在り方について所要の法改正を含む全般的な検討を加え，必要な措置を講ずるものとする。

5　政府は，消費者庁関連三法の施行後三年以内に，適格消費者団体（消費者契約法（平成十二年法律第六十一号）第二条第四項に規定する適格消費者団体をいう。以下同じ。）による差止請求関係業務の遂行に必要な資金の確保その他の適格消費者団体に対する支援の在り方について見直しを行い，必要な措置を講ずるものとする。

6　政府は，消費者庁関連三法の施行後三年を目途として，加害者の財産の隠匿又は散逸の防止に関する制度を含め多数の消費者に被害を生じさせた者の不当な収益をはく奪し，被害者を救済するための制度について検討を加え，必要な措置を講ずるものとする。

　　　附　則　（平成二一年四月二四日法律第二六号）　　抄
（施行期日）
第一条　この法律は，公布の日から起算して一年六月を超えない範囲内において政令で定める日から施行する。ただし，次の各号に掲げる規定は，当該各号に定める日から施行する。
一　略
二　第二条第三項及び第四項，第四条，第八条，第九条，第十二条第二号及び第四号，次条並びに附則第六条の規定公布の日から起算して二年六月を超えない範囲内において政令で定める日

　　　附　則　（平成二四年八月二二日法律第六一号）　　抄
（施行期日）
1　この法律は，公布の日から起算して六月を超えない範囲内において政令で定める日から施行する。

　　　附　則　（平成二四年九月五日法律第七七号）　　抄
（施行期日）
第一条　この法律は，平成二十四年十月一日から施行する。

　　　附　則　　（平成二五年六月二八日法律第七〇号）　　抄
　（施行期日）
第一条　この法律は，公布の日から起算して二年を超えない範囲内において政令で定める日
　から施行する。ただし，次条及び附則第十八条の規定については，公布の日から施行する。

　（政令への委任）
第十八条　この附則に規定するもののほか，この法律の施行に関し必要な経過措置は，政令
　で定める。

　（検討）
第十九条　政府は，この法律の施行後三年を経過した場合において，この法律の施行の状況
　を勘案し，必要があると認めるときは，この法律の規定について検討を加え，その結果に
　基づいて必要な措置を講ずるものとする。

　　　附　則　　（平成二七年九月九日法律第六五号）　　抄
　（施行期日）
第一条　この法律は，公布の日から起算して二年を超えない範囲内において政令で定める日
　から施行する。ただし，次の各号に掲げる規定は，当該各号に定める日から施行する。
　一　略
　二　第一条及び第四条並びに附則第五条，第六条，第七条第一項及び第三項，第八条，第
　　九条，第十三条，第二十二条，第二十五条から第二十七条まで，第三十条，第三十二条，
　　第三十四条並びに第三十七条の規定　平成二十八年一月一日

　　　附　則　　（平成二七年九月一一日法律第六六号）　　抄
　（施行期日）
第一条　この法律は，平成二十八年四月一日から施行する。ただし，次の各号に掲げる規定
　は，当該各号に定める日から施行する。
　一　附則第七条の規定　公布の日

　（政令への委任）
第七条　附則第二条から前条までに定めるもののほか，この法律の施行に関し必要な経過措
　置は，政令で定める。

　　　附　則　　（平成二九年六月二三日法律第七〇号）　　抄
　（施行期日）
第一条　この法律は，公布の日から起算して一年を超えない範囲内において政令で定める日

から施行する。

　　　附　則　（平成三〇年六月一三日法律第四六号）　　抄
　（施行期日）
第一条　この法律は，公布の日から起算して二年を超えない範囲内において政令で定める日
　から施行する。ただし，次の各号に掲げる規定は，当該各号に定める日から施行する。
　一　略
　二　略
　三　第二条の規定，第三条中と畜場法第二十条の改正規定並びに第四条中食鳥処理の事業
　　の規制及び食鳥検査に関する法律第十七条第一項第四号，第三十九条第二項及び第四十
　　条の改正規定並びに附則第八条，第十五条から第二十一条まで及び第二十四条の規定
　　公布の日から起算して三年を超えない範囲内において政令で定める日

　　　附　則　（平成三〇年七月二五日法律第七八号）　　抄
　（施行期日）
第一条　この法律は，平成三十二年四月一日から施行する。

　　　附　則　（令和元年五月三一日法律第一九号）　　抄
　（施行期日）
第一条　この法律は，公布の日から起算して六月を超えない範囲内において政令で定める日
　から施行する。

　　　附　則　（令和二年六月一二日法律第五一号）　　抄
　（施行期日）
第一条　この法律は，公布の日から起算して二年を超えない範囲内において政令で定める日
　から施行する。

　　　附　則　（令和三年五月一〇日法律第三二号）　　抄
　（施行期日）
第一条　この法律は，公布の日から起算して一年を超えない範囲内において政令で定める日
　から施行する。

　　　附　則　（令和三年六月一六日法律第七二号）　　抄
　（施行期日）
第一条　この法律は，公布の日から起算して一年を超えない範囲内において政令で定める日
　から施行する。

○消費者庁組織令（平成二十一年政令第二百十五号）

施行日：令和四年七月一日（令和四年政令第二百二十三号による改正）【＊令和4年7月1日現在】

　内閣は，内閣府設置法（平成十一年法律第八十九号）第五十三条第五項，第六十一条第一項及び第六十三条第四項の規定に基づき，この政令を制定する。

第一章　特別な職

（次長）
第一条　消費者庁に，次長一人を置く。

（政策立案総括審議官及び審議官）
第二条　消費者庁に，政策立案総括審議官一人及び審議官四人を置く。

2　政策立案総括審議官は，命を受けて，消費者庁の所掌事務に関する合理的な根拠に基づく政策立案の推進に関する企画及び立案並びに調整に関する事務並びに関係事務を総括整理する。

3　審議官は，命を受けて，消費者庁の所掌事務に関する重要事項についての企画及び立案に参画し，関係事務を総括整理する。

（公文書監理官及び参事官）
第三条　消費者庁に，公文書監理官一人（関係のある他の職を占める者をもって充てられるものとする。）及び参事官二人を置く。

2　公文書監理官は，命を受けて，消費者庁の所掌事務に関する公文書類の管理並びにこれに関連する情報の公開及び個人情報の保護の適正な実施の確保に関する重要事項に係るものに参画し，関係事務に関し必要な調整を行う。

3　参事官は，命を受けて，消費者庁の所掌事務に関する重要事項についての企画及び立案に参画し，関係事務に関し必要な調整を行う。

第二章　内部部局

（課等の設置）
第四条　消費者庁に，次の九課及び参事官二人を置く。

　総務課
　消費者政策課
　消費者制度課

消費者教育推進課
地方協力課
消費者安全課
取引対策課
表示対策課
食品表示企画課

（総務課の所掌事務）

第五条 総務課は，次に掲げる事務をつかさどる。

一　機密に関すること。

二　消費者庁の職員の任免，給与，懲戒，服務その他の人事並びに教養及び訓練に関すること。

三　栄典の推薦及び伝達の実施並びに表彰及び儀式に関すること。

四　長官の官印及び庁印の保管に関すること。

五　公文書類の接受，発送，編集及び保存に関すること。

六　法令案その他の公文書類の審査及び進達に関すること。

七　消費者庁の所掌事務に関する官報掲載に関すること。

八　消費者庁の保有する情報の公開に関すること。

九　消費者庁の保有する個人情報の保護に関すること。

十　消費者庁の所掌事務に関する総合調整に関すること（消費者政策課及び消費者安全課の所掌に属するものを除く。）。

十一　消費者庁の行政の考査に関すること。

十二　消費者庁の事務能率の増進に関すること。

十三　消費者庁の機構及び定員に関すること。

十四　国会との連絡に関すること。

十五　広報に関すること。

十六　消費者庁の所掌に係る経費及び収入の予算，決算及び会計並びに会計の監査に関すること。

十七　消費者庁所属の行政財産及び物品の管理に関すること。

十八　東日本大震災復興特別会計の経理のうち消費者庁の所掌に係るものに関すること。

十九　東日本大震災復興特別会計に属する物品の管理のうち消費者庁の所掌に係るものに関すること。

二十　庁内の管理に関すること。

二十一　消費者庁所属の建築物の営繕に関すること。

二十二　消費者庁の職員の衛生，医療その他の福利厚生に関すること。

二十三　消費者庁の職員に貸与する宿舎に関すること。

二十四　消費者庁の情報システムの整備及び管理に関すること。

二十五　消費者庁の所掌事務に関する情報の分析及び統計に関すること。

二十六　消費者庁の所掌事務に関する政策の評価に関すること。

二十七　課徴金の徴収に関すること。

二十八　消費者庁の所掌事務に関する不服申立て及び訴訟に関すること。

二十九　国立国会図書館支部消費者庁図書館に関すること。

三十　前各号に掲げるもののほか，消費者庁の所掌事務で他の所掌に属しないものに関すること。

（消費者政策課の所掌事務）

第六条　消費者政策課は，次に掲げる事務をつかさどる。

一　消費者庁の所掌事務に関する政策の企画及び立案に関する総合調整に関すること。

二　消費者の利益の擁護及び増進に関する関係行政機関の事務の調整に関すること。

三　消費者の利益の擁護及び増進に関する基本的な政策の企画及び立案並びに推進に関すること（他課及び参事官の所掌に属するものを除く。）。

四　消費者の利益の擁護及び増進を図る上で必要な環境の整備に関する基本的な政策の企画及び立案並びに推進に関すること（他課及び参事官の所掌に属するものを除く。）。

五　前二号に掲げるもののほか，消費者庁の所掌事務に関する基本的な政策の企画及び立案に関すること（他課及び参事官の所掌に属するものを除く。）。

六　消費者安全法（平成二十一年法律第五十号）第六条第一項に規定する基本方針の策定に関すること。

七　消費者安全法（第二章及び第三章を除く。）の規定による消費者安全の確保に関すること（同法第二条第五項第三号に規定する消費者事故等に該当するものに係るものに限る。）。

八　取引デジタルプラットフォームを利用する消費者の利益の保護に関する法律（令和三年法律第三十二号）の規定による取引デジタルプラットフォームを利用する消費者（同法第二条第三項に規定するものをいう。）の利益の保護に関すること。

九　消費者政策会議の庶務に関すること。

十　行政各部の施策の統一を図るために必要となる消費者基本法（昭和四十三年法律第七十八号）第二条の消費者の権利の尊重及びその自立の支援その他の基本理念の実現並びに消費者が安心して安全で豊かな消費生活を営むことができる社会の実現のための基本的な政策に関する事項の企画及び立案並びに総合調整に関すること（内閣官房が行う内閣法（昭和二十二年法律第五号）第十二条第二項第二号に掲げる事務を除く。）。

十一　消費者庁及び消費者委員会設置法（平成二十一年法律第四十八号）第三条第一項の

任務に関連する特定の内閣の重要政策について，当該重要政策に関して閣議において決定された基本的な方針に基づいて，行政各部の施策の統一を図るために必要となる企画及び立案並びに総合調整に関すること。

（消費者制度課の所掌事務）

第七条　消費者制度課は，次に掲げる事務をつかさどる。

一　消費者の利益の擁護及び増進に関する基本的な政策のうち消費生活に関する制度に関するものの企画及び立案並びに推進に関すること（消費者教育推進課及び消費者安全課の所掌に属するものを除く。）。

二　消費者の利益の擁護及び増進を図る上で必要な環境の整備に関する基本的な政策のうち消費生活に関する制度に関するものの企画及び立案並びに推進に関すること（消費者教育推進課及び消費者安全課の所掌に属するものを除く。）。

三　前二号に掲げるもののほか，消費者庁の所掌事務に関する基本的な政策のうち消費生活に関する制度に関するものの企画及び立案に関すること（消費者教育推進課，消費者安全課及び参事官の所掌に属するものを除く。）。

（消費者教育推進課の所掌事務）

第八条　消費者教育推進課は，次に掲げる事務をつかさどる。

一　消費者の利益の擁護及び増進に関する基本的な政策のうち消費者教育に関するものの企画及び立案並びに推進に関すること。

二　消費者の利益の擁護及び増進を図る上で必要な環境の整備に関する基本的な政策のうち消費者教育に関するものの企画及び立案並びに推進に関すること。

三　消費者教育の推進に関する法律（平成二十四年法律第六十一号）第九条第一項に規定する消費者教育の推進に関する基本的な方針の策定及び推進に関すること。

四　食品ロスの削減の推進に関する法律（令和元年法律第十九号）第十一条第一項に規定する食品ロスの削減の推進に関する基本的な方針の策定及び推進に関すること。

五　消費者庁の所掌事務に係る消費者の利益の擁護及び増進に資する情報の消費者に対する提供に関する企画及び立案並びに推進に関すること。

（地方協力課の所掌事務）

第九条　地方協力課は，次に掲げる事務をつかさどる。

一　消費者庁の所掌事務に係る地方公共団体との連絡に関する事務の総括に関すること。

二　消費者安全法（第三章に限る。）の規定による消費者安全の確保に関すること。

三　独立行政法人国民生活センターの組織及び運営一般に関すること。

（消費者安全課の所掌事務）

第十条　消費者安全課は，次に掲げる事務をつかさどる。

　一　消費者安全法の規定による消費者安全の確保に関すること（消費者政策課及び地方協力課の所掌に属するものを除く。）。

　二　消費者の利益の擁護及び増進に関する基本的な政策のうち消費者の生命又は身体の安全の確保に関するものの企画及び立案並びに推進に関すること。

　三　消費者の利益の擁護及び増進を図る上で必要な環境の整備に関する基本的な政策のうち消費者の生命又は身体の安全の確保に関するものの企画及び立案並びに推進に関すること。

　四　消費生活用製品安全法（昭和四十八年法律第三十一号）第三章第二節の規定による重大製品事故に関する措置に関すること。

　五　食品安全基本法（平成十五年法律第四十八号）第二十一条第一項に規定する基本的事項の策定に関すること。

　六　食品の安全性の確保に関する関係者相互間の情報及び意見の交換に関する関係行政機関の事務の調整に関すること。

　七　行政各部の施策の統一を図るために必要となる食品の安全性の確保を図る上で必要な環境の総合的な整備に関する事項の企画及び立案並びに総合調整に関すること（内閣官房が行う内閣法第十二条第二項第二号に掲げる事務を除く。）。

（取引対策課の所掌事務）
第十一条　取引対策課は，次に掲げる事務をつかさどる。

　一　消費者庁及び消費者委員会設置法第四条第一項第五号から第七号まで及び第九号から第十一号までに規定する者と事業者との間の取引の適正化に関する施策に共通する基本的な事項の企画及び立案に関すること。

　二　宅地建物取引業法（昭和二十七年法律第百七十六号）の規定による宅地建物取引業者の相手方等（同法第三十五条第一項第十四号イに規定するものに限る。）の利益の保護に関すること。

　三　旅行業法（昭和二十七年法律第二百三十九号）の規定による旅行者の利益の保護に関すること。

　四　割賦販売法（昭和三十六年法律第百五十九号）の規定による購入者等（同法第一条第一項に規定するものをいう。）の利益の保護に関すること。

　五　特定商取引に関する法律（昭和五十一年法律第五十七号）の規定による購入者等（同法第一条に規定するものをいう。）の利益の保護に関すること。

　六　貸金業法（昭和五十八年法律第三十二号）の規定による個人である資金需要者等（同法第二十四条の六の三第三項に規定するものをいう。）の利益の保護に関すること。

　七　預託等取引に関する法律（昭和六十一年法律第六十二号）の規定による預託者の利益

の保護に関すること。

八　特定電子メールの送信の適正化等に関する法律（平成十四年法律第二十六号）の規定
による特定電子メールの受信をする者の利益の保護に関すること。

（表示対策課の所掌事務）

第十二条　表示対策課は，次に掲げる事務をつかさどる。

一　消費者庁の所掌に係る消費生活に密接に関連する物資の品質に関する表示の適正化に
関する施策に共通する基本的な事項の企画及び立案に関すること。

二　不当景品類及び不当表示防止法（昭和三十七年法律第百三十四号）第二条第三項又は
第四項に規定する景品類又は表示の適正化による商品及び役務の消費者による自主的か
つ合理的な選択の確保に関すること（総務課の所掌に属するものを除く。）。

三　食品衛生法（昭和二十二年法律第二百三十三号）第十九条第一項（同法第六十八条第
一項において準用する場合を含む。）に規定する表示についての基準に関すること（同
法第二十二条第一項に規定する指針に係るものに限る。）。

四　食品衛生法第二十条（同法第六十八条第一項において準用する場合を含む。）に規定
する虚偽の又は誇大な表示又は広告のされた同法第四条第一項，第二項，第四項若しく
は第五項に規定する食品，添加物，器具若しくは容器包装又は同法第六十八条第一項に
規定するおもちゃの取締りに関すること。

五　日本農林規格等に関する法律（昭和二十五年法律第百七十五号）第五十九条第一項に
規定する基準に関すること（同法第六十一条第一項の規定による指示，同条第三項の規
定による命令並びに同法第六十五条第四項の規定による報告の徴収及び物件の提出の要
求並びに立入検査及び質問の実施に係るものに限る。）。

六　家庭用品品質表示法（昭和三十七年法律第百四号）第三条第一項に規定する表示の標
準となるべき事項に関すること。

七　住宅の品質確保の促進等に関する法律（平成十一年法律第八十一号）第二条第三項に
規定する日本住宅性能表示基準に関すること（個人である住宅購入者等（同条第四項に
規定するものをいう。）の利益の保護に係るものに限る。）。

八　健康増進法（平成十四年法律第百三号）第六十五条第一項に規定する表示に関するこ
と（同法第六十六条第一項の規定による勧告，同条第二項の規定による命令並びに同条
第三項において準用する同法第六十一条第一項の規定による立入検査及び収去の実施に
係るものに限る。）。

九　食品表示法（平成二十五年法律第七十号）第四条第六項に規定する食品表示基準に関
すること（同法第六条第一項及び第三項の規定による指示，同条第五項及び第八項の規
定による命令，同法第八条第一項の規定による報告の徴収及び物件の提出の要求並びに
立入検査，質問及び収去の実施並びに同法第十条の二第一項の規定による届出の受理に

係るものに限る。)。

十 米穀等の取引等に係る情報の記録及び産地情報の伝達に関する法律（平成二十一年法律第二十六号）の施行に関する事務のうち同法第二条第三項に規定する指定米穀等の産地の伝達（酒類の販売，輸入，加工，製造又は提供の事業に係るものを除く。次条第五号において同じ。）に関すること（同法第九条第一項の規定による勧告，同条第二項の規定による命令並びに同法第十条第一項の規定による報告の徴収及び立入検査の実施に係るものに限る。)。

（食品表示企画課の所掌事務）

第十三条 食品表示企画課は，次に掲げる事務をつかさどる。

一 食品衛生法第十九条第一項（同法第六十八条第一項において準用する場合を含む。）に規定する表示についての基準に関すること（表示対策課の所掌に属するものを除く。)。

二 日本農林規格等に関する法律第五十九条第一項に規定する基準に関すること（表示対策課の所掌に属するものを除く。)。

三 健康増進法第四十三条第一項に規定する特別用途表示及び同法第六十五条第一項に規定する表示に関すること（表示対策課の所掌に属するものを除く。)。

四 食品表示法第四条第六項に規定する食品表示基準に関すること（表示対策課の所掌に属するものを除く。)。

五 米穀等の取引等に係る情報の記録及び産地情報の伝達に関する法律の施行に関する事務のうち同法第二条第三項に規定する指定米穀等の産地の伝達に関すること（表示対策課の所掌に属するものを除く。)。

（参事官の職務）

第十四条 参事官は，命を受けて，次に掲げる事務を分掌する。

一 消費者の利益の擁護及び増進に関する基本的な政策に関する調査及び研究に関すること（消費者制度課，消費者教育推進課及び消費者安全課の所掌に属するものを除く。)。

二 消費者の利益の擁護及び増進を図る上で必要な環境の整備に関する基本的な政策に関する調査及び研究に関すること（消費者制度課，消費者教育推進課及び消費者安全課の所掌に属するものを除く。)。

三 物価に関する基本的な政策の企画及び立案並びに推進に関すること。

四 公益通報者（公益通報者保護法（平成十六年法律第百二十二号）第二条第二項に規定するものをいう。）の保護に関すること。

五 消費生活の動向に関する総合的な調査に関すること。

六 消費者庁の所掌事務に係る国際協力に関する事務の連絡調整に関すること。

七 消費者庁の所掌事務に係る国際機関，国際会議その他の国際的な枠組み並びに外国の

行政機関及び団体に関する事務の総括に関すること。

八　消費者政策の実施の状況に関する年次報告に関すること。

九　消費者庁の所掌事務に係る消費者の利益の擁護及び増進に資する情報の事業者に対する提供に関する企画及び立案並びに推進に関すること。

十　前各号に掲げるもののほか，消費者庁の所掌事務に関する基本的な政策に関する調査及び研究（消費生活に関する制度に関するものを除く。）に関すること。

　　　附　　則

（施行期日）

1　この政令は，消費者庁及び消費者委員会設置法の施行の日（平成二十一年九月一日）から施行する。

（参事官の設置期間の特例）

2　第三条第一項の参事官のうち一人は，令和七年三月三十一日まで置かれるものとする。

【＊以下省略】

○消費者庁組織規則（平成二十一年内閣府令第五十八号）

施行日：令和四年七月一日（令和四年内閣府令第四十三号による改正）【＊令和4年7月1日現在】

消費者庁及び消費者委員会設置法（平成二十一年法律第四十八号）及び消費者庁組織令（平成二十一年政令第二百十五号）を実施するため，消費者庁組織規則を次のように定める。

　　第一章　内部部局

（人事企画室，管理室及び広報室並びに訟務対策官，サイバーセキュリティ・情報化企画官及び企画官）

第一条　総務課に，人事企画室，管理室及び広報室並びに訟務対策官（検察官をもって充てるものとする。），サイバーセキュリティ・情報化企画官及び企画官それぞれ一人を置く。

2　人事企画室は，消費者庁の職員の任免，給与，懲戒その他の人事に関する事務（管理室の所掌に属するものを除く。）をつかさどる。

3　人事企画室に，室長を置く。

4　管理室は，次に掲げる事務をつかさどる。

一　消費者庁の職員の服務及び人事評価並びに教養及び訓練に関すること。

二　栄典の推薦及び伝達の実施並びに表彰及び儀式に関すること。

三　長官の官印及び庁印の保管に関すること。

四　消費者庁の所掌に係る会計及び会計の監査に関すること。

五　消費者庁所属の行政財産及び物品の管理に関すること。

六　東日本大震災復興特別会計の経理のうち消費者庁の所掌に係るものに関すること。

七　東日本大震災復興特別会計に属する物品の管理のうち消費者庁の所掌に係るものに関すること。

八　庁内の管理に関すること。

九　消費者庁所属の建築物の営繕に関すること。

十　消費者庁の職員の衛生，医療その他の福利厚生に関すること。

十一　消費者庁の職員に貸与する宿舎に関すること。

十二　課徴金の徴収に関すること。

十三　国立国会図書館支部消費者庁図書館に関すること。

5　管理室に，室長を置く。

6　広報室は，消費者庁の所掌事務に関して行う広報に関する事務をつかさどる。

7　広報室に，室長を置く。

8　訟務対策官は，命を受けて，消費者庁の所掌事務に関する不服申立て及び訴訟に関する事務を処理する。

9　サイバーセキュリティ・情報化企画官は，命を受けて，消費者庁の所掌事務に関するサイバーセキュリティ（サイバーセキュリティ基本法（平成二十六年法律第百四号）第二条に規定するサイバーセキュリティをいう。）の確保並びに情報システムの整備及び管理並びにこれらと併せて行われる事務の運営の改善及び効率化に関する調査，企画及び立案を行う。

10　企画官は，命を受けて，総務課の所掌事務のうち特定事項の調査，企画及び立案を行う。

（財産被害対策室及び取引デジタルプラットフォーム消費者保護室並びに企画調整官）

第二条　消費者政策課に，財産被害対策室及び取引デジタルプラットフォーム消費者保護室並びに企画調整官一人を置く。

2　財産被害対策室は，消費者安全法（平成二十一年法律第五十号）の規定による消費者安全の確保に関する事務をつかさどる（同法第二条第五項第三号に規定する消費者事故等に該当するものに係るものに限る。）。

3　財産被害対策室に，室長を置く。

4　取引デジタルプラットフォーム消費者保護室は，取引デジタルプラットフォームを利用する消費者の利益の保護に関する法律（令和三年法律第三十二号）の規定による取引デジタルプラットフォームを利用する消費者（同法第二条第三項に規定するものをいう。）の

利益の保護に関する事務をつかさどる。

5　取引デジタルプラットフォーム消費者保護室に，室長を置く。

6　企画調整官は，命を受けて，消費者政策課の所掌事務に関する重要事項についての企画及び立案並びに調整に関する事務を処理する。

　（企画官）

第三条　消費者制度課に，企画官一人を置く。

2　企画官は，命を受けて，消費者制度課の所掌事務のうち特定事項の調査，企画及び立案を行う。

　（食品ロス削減推進室）

第四条　消費者教育推進課に，食品ロス削減推進室を置く。

2　食品ロス削減推進室は，食品ロスの削減の推進に関する法律（令和元年法律第十九号）第十一条第一項に規定する食品ロスの削減の推進に関する基本的な方針の策定及び推進に関する事務をつかさどる。

3　食品ロス削減推進室に，室長を置く。

　（事故調査室及び企画官）

第五条　消費者安全課に，事故調査室及び企画官一人を置く。

2　事故調査室は，次に掲げる事務をつかさどる。

　一　消費者安全調査委員会の庶務に関すること。

　二　消費者安全調査委員会の行う消費者安全法第二十七条に規定する調査に対する援助に関すること。

3　事故調査室に，室長を置く。

4　企画官は，命を受けて，消費者安全課の所掌事務のうち特定事項の調査，企画及び立案を行う。

　（統括消費者取引対策官）

第六条　取引対策課に，統括消費者取引対策官一人を置く。

2　統括消費者取引対策官は，命を受けて，特定商取引に関する法律（昭和五十一年法律第五十七号）の規定による購入者等（同法第一条に規定するものをいう。）の利益の保護に関する事務のうち命令等に関する事務を行う。

　（食品表示対策室及び上席景品・表示調査官）

第七条　表示対策課に，食品表示対策室及び上席景品・表示調査官一人を置く。

2　食品表示対策室は，次に掲げる事務をつかさどる。

一　不当景品類及び不当表示防止法（昭和三十七年法律第百三十四号）第二条第四項に規定する表示の適正化による商品の消費者による自主的かつ合理的な選択の確保に関する事務のうち食品に係る措置命令に関すること。

二　食品衛生法（昭和二十二年法律第二百三十三号）第十九条第一項（同法第六十八条第一項において準用する場合を含む。）に規定する表示についての基準に関すること（同法第二十二条第一項に規定する指針に係るものに限る。）。

三　食品衛生法第二十条（同法第六十八条第一項において準用する場合を含む。）に規定する虚偽の又は誇大な表示又は広告のされた同法第四条第一項，第二項，第四項若しくは第五項に規定する食品，添加物，器具若しくは容器包装又は同法第六十八条第一項に規定するおもちゃの取締りに関すること。

四　日本農林規格等に関する法律（昭和二十五年法律第百七十五号）第五十九条第一項に規定する基準に関すること（同法第六十一条第一項の規定による指示，同条第三項の規定による命令並びに同法第六十五条第四項の規定による報告の徴収及び物件の提出の要求並びに立入検査及び質問の実施に係るものに限る。）。

五　健康増進法（平成十四年法律第百三号）第六十五条第一項に規定する表示に関すること（同法第六十六条第一項の規定による勧告，同条第二項の規定による命令並びに同条第三項において準用する同法第六十一条第一項の規定による立入検査及び収去の実施に係るものに限る。）。

六　食品表示法（平成二十五年法律第七十号）第四条第六項に規定する食品表示基準に関すること（同法第六条第一項及び第三項の規定による指示，同条第五項及び第八項の規定による命令，同法第八条第一項の規定による報告の徴収及び物件の提出の要求並びに立入検査，質問及び収去の実施並びに同法第十条の二第一項の規定による届出の受理に係るものに限る。）。

七　米穀等の取引等に係る情報の記録及び産地情報の伝達に関する法律（平成二十一年法律第二十六号）の施行に関する事務のうち同法第二条第三項に規定する指定米穀等の産地の伝達（酒類の販売，輸入，加工，製造又は提供の事業に係るものを除く。）に関すること（同法第九条第一項の規定による勧告，同条第二項の規定による命令並びに同法第十条第一項の規定による報告の徴収及び立入検査の実施に係るものに限る。）。

3　食品表示対策室に，室長を置く。

4　上席景品・表示調査官は，命を受けて，不当景品類及び不当表示防止法第二条第三項又は第四項に規定する景品類又は表示の適正化による商品及び役務の消費者による自主的かつ合理的な選択の確保に関する事務のうち措置命令に関する事務（食品表示対策室の所掌に属するものを除く。）及び課徴金納付命令に関する事務並びに家庭用品品質表示法（昭和三十七年法律第百四号）第三条第一項に規定する表示の標準となるべき事項に関する事務のうち命令等に関する事務を行う。

（保健表示室）

第八条　食品表示企画課に，保健表示室を置く。

2　保健表示室は，次に掲げる事務をつかさどる。

　一　健康増進法第四十三条第一項に規定する特別用途表示及び同法第六十五条第一項に規定する表示に関すること（食品表示対策室の所掌に属するものを除く。）。

　二　食品表示法第四条第六項に規定する食品表示基準に関すること（栄養成分の量及び熱量その他の国民の健康の増進を図るために必要な食品に関する表示の事項に限り，食品表示対策室の所掌に属するものを除く。）。

3　保健表示室に，室長を置く。

（企画官）

第九条　消費者庁に，企画官一人を置く。

2　企画官は，命を受けて，参事官の職務のうち特定事項の調査，企画及び立案を助ける。

第二章　消費者庁顧問及び消費者庁参与

（消費者庁顧問）

第十条　消費者庁に，消費者庁顧問を置くことができる。

2　消費者庁顧問は，消費者庁の所掌事務のうち重要な施策に参画する。

3　消費者庁顧問は，非常勤とする。

（消費者庁参与）

第十一条　消費者庁に，消費者庁参与を置くことができる。

2　消費者庁参与は，消費者庁の所掌事務のうち重要な事項に参与する。

3　消費者庁参与は，非常勤とする。

　　　附　　則

　この府令は，公布の日から施行する。

【＊以下省略】

○消費者委員会令（平成二十一年政令第二百十六号）

（平成27年 8 月 1 日（基準日）現在のデータ）

内閣は，消費者庁及び消費者委員会設置法（平成二十一年法律第四十八号）第十四条の規定に基づき，この政令を制定する。

（部会）

第一条 消費者委員会（以下「委員会」という。）は，その定めるところにより，部会を置くことができる。

2 部会に属すべき委員，臨時委員及び専門委員は，委員長が指名する。

3 部会に部会長を置き，当該部会に属する委員のうちから，委員長が指名する。

4 部会長は，部会の事務を掌理する。

5 部会長に事故があるときは，あらかじめその指名する委員が，その職務を代理する。

6 委員会は，その定めるところにより，部会の議決をもって委員会の議決とすることができる。

（議事）

第二条 委員会の会議は，委員長が招集する。

2 委員会は，委員及び議事に関係のある臨時委員の過半数が出席しなければ，会議を開き，議決することができない。

3 委員会の議事は，委員及び議事に関係のある臨時委員で会議に出席したものの過半数で決し，可否同数のときは，委員長の決するところによる。

4 前三項の規定は，部会の議事について準用する。

（事務局長等）

第三条 委員会の事務局長は，関係のある他の職を占める者をもって充てられるものとする。

2 前項に定めるもののほか，委員会の事務局の内部組織の細目は，内閣府令で定める。

（委員会の運営）

第四条 この政令に定めるもののほか，委員会の運営に関し必要な事項は，委員長が委員会に諮って定める。

附 則

（施行期日）

1 この政令は，消費者庁及び消費者委員会設置法の施行の日（平成二十一年九月一日）から施行する。

（委員会の所掌事務に関する経過措置）

2　委員会は，消費者庁及び消費者委員会設置法第六条第二項に規定するもののほか，特定商取引に関する法律及び割賦販売法の一部を改正する法律（平成二十年法律第七十四号）の施行の日の前日までの間，特定商取引に関する法律施行令の一部を改正する政令（平成二十一年政令第百十七号）附則第三条及び割賦販売法施行令の一部を改正する政令（平成二十一年政令第百十八号）附則第三条の規定によりその権限に属させられた事項を処理する。

○消費者委員会事務局組織規則（平成二十一年内閣府令第四十五号）

（平成28年10月1日（基準日）現在のデータ）

　消費者委員会令（平成二十一年政令第二百十六号）第三条第二項の規定に基づき，消費者委員会事務局組織規則を次のように定める。

1　消費者委員会事務局に，参事官及び企画官それぞれ一人を置く。

2　参事官は，命を受けて，局務に関する重要事項に係るものに参画する。

3　企画官は，命を受けて，局務のうち特定事項の調査，企画及び立案を行う。

　　附　則

　この府令は，消費者庁及び消費者委員会設置法（平成二十一年法律第四十八号）の施行の日（平成二十一年九月一日）から施行する。

　　附　則　（平成二二年四月一日内閣府令第二〇号）

　この府令は，公布の日から施行する。

＊以上は全て「e-Gov法令検索」（https://elaws.e-gov.go.jp/　2022年8月24日アクセス）より作成した。

Abstract

CSR and Business Ethics in the Consumer Affairs Agency, Government of Japan

Yusuke YAMASHITA

Over a decade has passed since the Consumer Affairs Agency was established within the Japanese government; however, considering the founding notion and mission presented by the cabinet of Yasuo FUKUDA, the fundamental project of the agency is to endeavor to generate a consumer-centric consumer citizenship. Consumers play a particularly important role among companies' stakeholders. For example, investors are one kind of stakeholder, and while there are people in the world who are not investors, there is no one who is not a consumer. Therefore, consumers, in the broadest sense, are stakeholders who represent the interests of the constituents of society and the interests of the citizenry, with a significance that transcends that of a mere type of stakeholder. In Japan, such stakeholders are called *seikatsusha*, which may also be translated as "consumer" but also conveys a nuance of someone living their life.

The *seikatsusha*, grounded in a human-centric philosophy, practice social activities from a comprehensive perspective, integrating all the various stakeholders and carrying out their responsibilities to all living beings, including those who have yet to be born. Companies cannot ignore these *seikatsusha*. Governmental policies that are necessary to advocate for the *seikatsusha* and consumers must therefore be substantially oriented toward corporate social responsibility (CSR) and business ethics.

One precedent for governmental initiatives that promote CSR was the creation of a dedicated CSR office in the Department of Trade and Industry in the year 2000 by the Blair administration in the United Kingdom along with the establishment of a state-level ministerial post in charge of CSR. At the time, the CSR policies of the British government emphasized the creation and management of forums for dialogue between CSR stakeholders, including businesses. Influenced by this, the

Japanese government once set up the New Public Commons Roundtable and promulgated the New Public Commons policies, which have now been halted.

The Consumer Affairs Agency in the Japanese government must advocate for the interests and rights of the *seikatsusha*, exercising its influence with other agencies to achieve the goal of a society of consumer citizens because the *seikatsusha* and consumers represent the interests of all stakeholders and are thus related to a broad range of government organs. The Consumer Affairs Agency has mechanisms available to it within the government; notably, administrative-level consultations with other agencies and ministerial-level negotiations by the Minister of State for Consumer Affairs with other ministers. These mechanisms function effectively only in the presence of leadership from politicians who hold various posts within the government that make them responsible for consumer policymaking.

索　引

＊人名は，特に社会的に著名な人物，もしくは本書において特に重要な人物のみ。

ア行

麻生太郎内閣 ……………………………… 9
「新しい公共」円卓会議 …………… 27, 42
「新しい公共」推進会議 ………………… 42
阿南久 …………………… 29, 50, 57, 58, 77
安全・安心で持続可能な未来に向けた
　社会的責任に関する円卓会議 ……… 42
宇都宮健児 ………………… 16, 26, 114, 115
英国政府のCSR行政 …………………… 39
SDGs ……………………………………… 35
大熊信行 ……………………… 21, 31, 32
大橋照枝 …………………………… 18, 26
奥むめお …………………………………… 2

カ行

河上正二 ………………… 105, 107, 114
関係省庁連絡会議 ……………………… 45, 56
企業の社会的責任
　…………………… 22, 27, 35, 40, 56, 110
企業倫理 …… 22, 27, 35, 39, 41, 42, 43, 48,
　　　　　　 49, 52, 56, 58, 65, 77, 83, 110,
　　　　　　　　　　　　　 111, 112, 116
岸田文雄 …………… 4, 6, 24, 28, 38, 44, 45
経済人 …………………………………… 30, 31
国民生活センター ……… 3, 5, 6, 10, 11, 12,
　　　　　　 13, 16, 17, 19, 23, 24, 25,
　　　　　　 69, 74, 83, 100, 114, 115
国家行政組織法 ………………… 35, 51, 81
後藤田正純 ………………………………… 9

サ行

榊原英資 ……………………………… 15, 26
CSR担当大臣 ………………… 39, 40, 41
次官連絡会議 …………………………… 37, 72
事務レベル協議
　…………… 37, 38, 56, 60, 64, 72, 73, 76
社会的責任に関する円卓会議 ………… 42
主婦連合会 ………………………… 2, 99, 108
消費者安全情報総括官
　………………… 37, 60, 64, 71, 78, 83
消費者安全調査委員会 …………… 19, 66
消費者安全法 …… 9, 19, 29, 36, 37, 49, 56,
　　　　　 61, 62, 83, 84, 86, 88, 105, 111, 112, 113
消費者委員会委員長 …… 89, 91, 97, 101,
　　　　　　　　 102, 104, 105, 106, 111
消費者委員会事務局長 ………………… 104
消費者運動 ……………………………… 1, 3
消費者オンブズパーソン …… 10, 11, 17, 18
消費者オンブズマン
　…………… 17, 18, 20, 23, 79, 81, 89, 91
消費者基本計画
　…………………… 24, 82, 83, 90, 92, 93, 94
消費者基本法 …… 4, 68, 82, 83, 84, 93, 112
消費者教育推進会議 …………… 43, 66, 92
消費者行政推進会議 … 6, 7, 16, 20, 24, 26,
　　　　　　 28, 29, 49, 51, 62, 80, 81, 112
消費者行政推進担当大臣
　…………………… 6, 24, 28, 38, 44
消費者行政担当大臣 ………… 5, 7, 8, 28
消費者権利院法案 ……… 11, 17, 20, 26, 81
消費者事故調 …………………………… 19, 69

消費者市民社会
　　………………21, 29, 55, 58, 62, 71, 76, 78
消費者省 …………………………………4
消費者政策委員会
　　………………7, 8, 9, 11, 49, 80, 81, 89
消費者政策会議
　　………4, 24, 82, 83, 88, 90, 93, 94, 112
消費者団体訴訟法案 ………………11, 26
消費者担当大臣 ………………10, 61, 67
消費者庁及び消費者委員会設置法
　　……………9, 49, 55, 60, 82, 83, 84, 87,
　　　　98, 100, 104, 105, 107, 112
消費者庁職員の行動指針
　　………………………30, 50, 63, 65, 74
消費者庁長官 ……8, 9, 18, 20, 29, 35, 37,
　　　　38, 50, 56, 57, 58, 59, 60, 63, 67,
　　　　68, 69, 72, 76, 77, 90, 97, 105, 106
消費者庁の使命 ……29, 30, 63, 65, 69, 74
消費者庁の先行実施 ………44, 45, 46, 48
消費者庁の徳島移転問題 …………62, 65
消費者の権利 …3, 4, 23, 68, 106, 108, 114
消費者の定義 ……………………………29
消費者保護会議 ………………………2, 4
消費者保護基本法 ……………………2, 4
消費生活センター
　　…3, 5, 6, 7, 11, 12, 13, 17, 19, 23, 25, 83
消費生活相談員 ……………11, 17, 19, 83
食品安全委員会 …7, 8, 14, 17, 23, 24, 25,
　　　　61, 66, 67, 71, 78, 95
すき間事案 …………………6, 8, 9, 36, 47
「生活者」概念 …………………………34
生活者中心の消費者行政 ……………39
生活省 ……………………………………2
総合調整機能の実質化 ………38, 46, 76

タ行

大臣折衝 …………………………37, 38

髙巖 …………………………………107, 111

ナ行

内閣府国民生活局
　　………………4, 10, 28, 44, 45, 46, 51, 93
内閣府消費者委員会
　　………12, 28, 65, 70, 73, 74, 79, 115
内閣府設置法 ……9, 37, 56, 60, 81, 83, 111
内閣府特命担当大臣（国民生活担当）
　　………………4, 28, 44, 45, 46, 51
内閣府特命担当大臣（消費者及び食品
　　安全担当）……………20, 24, 28, 37, 38,
　　　　46, 48, 56, 60, 64
内閣補助事務 ……………………35, 51
日本弁護士連合会 …………1, 3, 23, 24, 26
野田聖子 …………………………9, 44, 100

ハ行

福嶋浩彦 …………………………57, 59, 69, 77
福田康夫
　　……1, 4, 5, 7, 8, 9, 16, 20, 21, 24, 28, 29,
　　　　38, 44, 45, 49, 50, 64, 79, 80, 112
包括的なCSR・企業倫理行政
　　………………43, 44, 46, 47, 48
細川幸一 …………………………24, 25, 113

マ行

松本恒雄 ………61, 89, 90, 92, 94, 100, 101,
　　　　106, 107, 113, 114, 115
マルチステークホルダー
　　………………34, 43, 53, 55, 62, 76
森雅子（＝森まさこ）………………9, 25

［著者紹介］

山下裕介（やました　ゆうすけ）

twitter：@YAMASHITAnoID

1999年　埼玉県立南稜高等学校卒業
2003年　上武大学経営情報学部経営情報学科卒業
2005年　作新学院大学大学院経営学研究科経営学専攻博士前期課程修了
2008年　駒澤大学大学院商学研究科商学専攻博士後期課程修了
　　　　博士（商学）（駒澤大学）
現　在　作新学院大学経営学部准教授（「企業の社会的責任論（CSR）」担当）
　　　　駒澤大学経済学部非常勤講師（「企業と社会ａ・ｂ」担当）
主要著書：（単著）『企業倫理研究序論―経営学的アプローチと倫理学的考察―』
　　　　文理閣，2017年。

日本の消費者行政とCSR・企業倫理

2023年4月10日　第1版第1刷発行

著　者　山　下　裕　介
発行者　山　本　　　継
発行所　㈱中　央　経　済　社
発売元　㈱中央経済グループ
　　　　パ ブ リ ッ シ ン グ

〒101-0051　東京都千代田区神田神保町1-31-2
　　　　　　電話　03（3293）3371（編集代表）
　　　　　　　　　03（3293）3381（営業代表）
　　　　　　https://www.chuokeizai.co.jp
　　　　　　製版／三英グラフィック・アーツ㈱
© 2023　　　印刷／三　英　印　刷　㈱
Printed in Japan　　製本／有　井　上　製　本　所

好 評 既 刊

現代経営学の
基本問題

百田 義治 [編著]

A5判・ソフトカバー・278頁

目 次

第1章　現代企業論の基本問題

第2章　現代企業統治論の基本問題

第3章　現代多国籍企業論の基本問題

第4章　現代中小企業論の基本問題

第5章　現代起業論の基本問題

第6章　非営利組織研究の基本問題

第7章　経営学史の基本問題　第8章　科学的管理の基本問題

第9章　経営戦略論の基本問題　第10章　経営管理論の基本問題

第11章　ファイナンス論の基本問題

第12章　人的資源管理論の基本問題

第13章　企業福祉論の基本問題　第14章　生産管理の基本問題

第15章　企業倫理の基本問題　第16章　比較経営論の基本問題

第17章　異文化マネジメント論の基本問題

第18章　「企業と社会」論の基本問題

中央経済社